Les nouveaux
chiens
de garde

CHEZ LE MÊME ÉDITEUR

– Pierre Bourdieu, *Sur la télévision,*
suivi de *L'emprise du journalisme,* 1996

– ARESER (Association de réflexion sur les enseignements
supérieurs et de la recherche), *Diagnostics et remèdes
urgents pour une université en péril,* 1997

A paraître :

– Julien Duval, Christophe Gaubert, Frédéric Lebaron,
Dominique Marchetti, Fabienne Pavis, *Le « décembre »
des intellectuels français* (janvier 1998)

Liber-Raisons d'agir présente l'état le plus avancé de la recherche
sur des problèmes politiques et sociaux d'actualité. Conçus et
réalisés par des chercheurs en sciences sociales, sociologues, historiens, économistes, mais aussi, à l'occasion, par des écrivains
et des artistes, tous animés par la volonté militante de diffuser
le savoir indispensable à la réflexion et à l'action politiques dans
une démocratie, ces petits ouvrages denses et bien documentés,
devraient constituer peu à peu une sorte d'encyclopédie populaire
internationale.

SERGE HALIMI

Les nouveaux chiens de garde

*« Nous n'accepterons pas
éternellement que
le respect accordé au
masque des philosophes
ne soit finalement
profitable qu'au pouvoir
des banquiers. »*
PAUL NIZAN
Les Chiens de garde

LIBER-RAISONS D'AGIR

Éditions LIBER-RAISONS D'AGIR
52, rue du Cardinal Lemoine, 75005 Paris
© *LIBER-RAISONS D'AGIR,* novembre 1997

Ce livre repose sur l'enregistrement méthodique d'informations hautement périssables et volatiles : radiophoniques ou télévisuelles, les paroles volent et les propos de quotidiens sont par définition éphémères. Ce travail d'archiviste a pour effet de ruiner un des supports invisibles de la pratique journalistique, l'*amnésie* qui n'est pas moins grande chez les journalistes que chez leurs lecteurs et qui autorise en permanence les inconséquences et les incohérences, voire les virevoltes et les volte-face. Il introduit par là une logique de la *responsabilité* : pourquoi, en effet, les journalistes n'auraient-ils pas à répondre de leurs paroles, alors qu'ils exercent un tel pouvoir sur le monde social et sur le monde même du pouvoir? Pourquoi n'auraient-ils pas à rendre compte de leurs prises de position et même de leur manière d'exercer leur métier et de conduire leur vie alors qu'ils s'instaurent si volontiers en juges des autres hommes de pouvoir, et en particulier des hommes politiques?

Ce texte n'a pas pour fin de discréditer des personnes, et moins encore une profession. Il est écrit *par* un journaliste qui, convaincu que les journalistes ne peuvent rien gagner à l'indulgence qu'ils s'accordent mutuellement, entend rompre le silence complice et apporter son témoignage critique, au lieu de se contenter de hurler avec les loups devant la moindre tentative d'objecti-

vation. Il est écrit *pour* les journalistes qui font digne-
ment leur métier et qui souffrent de l'image dégradée
qu'en donnent certains. Sans sacrifier à la phraséologie
déontologique qui ne sert le plus souvent qu'à masquer
les démissions, il rappelle à tous, journalistes ou lecteurs
de journaux, ce que pourrait être un journalisme pleine-
ment conscient de sa dignité.

Liber

En 1932, pour dénoncer le philosophe qui aimerait dissimuler sous un amas de grands concepts sa participation à l'«*actualité impure de son temps*», Paul Nizan écrivit un petit essai, *Les chiens de garde*. De nos jours, les simulateurs disposent d'une maquilleuse et d'un micro plus souvent que d'une chaire. Metteurs en scène de la réalité sociale et politique, intérieure et extérieure, ils les déforment l'une après l'autre. Ils servent les intérêts des maîtres du monde. Ils sont les nouveaux chiens de garde.

Or ils se proclament «contre-pouvoir»… Vigoureux, irrespectueux, porte-parole des obscurs et des sans-voix, forum de la démocratie vivante. Un sacerdoce que les Américains ont ramassé en une formule : *«réconforter ceux qui vivent dans l'affliction et affliger ceux qui vivent dans le confort»*. Le contre-pouvoir s'est assoupi. Et il s'est retourné contre ceux qu'il devait servir. Pour servir ceux qu'il devait surveiller. Mais la loi du silence se craquelle. Est-ce la profondeur de la déchirure sociale qui rend soudain insupportable le bourdonnement satisfait de nos grands éditorialistes? Est-ce l'impudence de leur société de connivence qui, dans un périmètre idéologique minuscule, multiplie les affrontements factices, les

---

Les références aux appels de note numérotés se trouvent en fin d'ouvrage aux pages 105 à 110.

notoriétés indues, les services réciproques, les omniprésences à l'antenne ? Est-ce l'assaut répété – et chaque fois victorieux – des industriels contre les dernières citadelles de la liberté de la presse ? Une partie de l'opinion enfin se rebelle contre le spectacle d'un « *soleil qui ne se couche jamais sur l'empire de la passivité moderne* [...]*, le mauvais rêve de la société enchaînée, qui n'exprime finalement que son désir de dormir* »[1].

Accès de franchise ou impudence, le journaliste de télévision le plus influent de France, Patrick Poivre d'Arvor, a un jour convenu du sens de sa mission : « *Nous sommes là pour donner une image lisse du monde* ». Lisse et en tous points conforme aux intérêts d'une classe sociale. En 1927, dénonçant la "trahison des clercs", Julien Benda soulignait déjà la « *volonté, chez l'écrivain pratique, de plaire à la bourgeoisie, laquelle fait les renommées et dispense les honneurs* »[2]. Soixante-dix ans plus tard, on chancelle devant l'abondance des preuves d'une telle prévenance. Surtout quand on a compris qu'au mot de "bourgeoisie", décidément trop archaïque, il suffisait de substituer celui de "décideurs", ce "cœur de cible" des professionnels de l'information qui ne masquent plus leur fonction d'appariteurs de l'ordre.

Les journalistes influents aiment qu'on remarque leurs exploits. Quand articles, révélations, portraits et entretiens se font rares, ils prennent la plume, se mettent en scène avec tendresse, narrent leurs conquêtes et leurs déboires, les secrets que les Grands de ce monde leur confièrent et leurs rares journées d'aventure et de guerre dans une vie tranquille et casanière. Le genre est connu ; parfois il accouche d'un ouvrage correctement écrit, et par celui qui le signe. Mais le genre est trompeur. Dans la presse, ceux qui détiennent le vrai pouvoir ne se confient pas. Rouletabille peut partir pour Beyrouth ou pour Bagdad, c'est à Seattle ou à Atlanta que Bill Gates ou Ted Turner ont déjà arrêté que rien de ce qui se passe au Liban ou en Irak ne portera jamais ombrage aux alliés et aux affaires de Microsoft ou de Time Warner.

La censure est cependant plus efficace quand elle n'a pas besoin de se dire, quand les intérêts du patron, miraculeusement, coïncident avec ceux de "l'information". Le journaliste est alors prodigieusement libre. Et il est heureux. On lui octroie, en prime, le droit de se croire puissant. Fêtard sur la brèche d'un mur de Berlin qui s'ouvre à la liberté et au marché, petit soldat ébloui par l'armada américaine héliportant dans le Golfe persique la guerre "chirurgicale" et les croisés de l'Occident, grand avocat de l'Europe monétaire au moment du référendum de Maastricht : reporters et commentateurs eurent carte blanche pour exprimer leur enthousiasme et leur puissance. Le monde avait basculé dans la "société de l'information", ses nouvelles hiérarchies et ses nouveaux seigneurs. Mais, pendant ces instants de liesse, le contre-pouvoir eut mauvaise mine, trop encadré par des ministres, des généraux et des banquiers. Et le "nouveau paradigme" ressembla à la caricature de l'ancien.

Même si, coincé entre son propriétaire, son rédacteur en chef, son audimat, sa précarité, sa concurrence et ses complicités croisées, le journaliste n'a plus guère d'autonomie, il trouve encore de quoi exhiber devant ses confrères un petit détail qu'il a "fait passer" dans son journal ou à l'antenne, et qui prouverait son reliquat de pouvoir. Dans la profession, ne jamais disposer de ses deux mots ou de ses deux secondes de dissidence fourguées en contrebande, relève surtout de l'incompétence. Et, pour un patron de presse, ne pas concéder à ses employés une soupape aussi anodine que ces miettes de dignité constituerait une forme de maladresse.

L'illusion d'un "contre-pouvoir" se cultive en général de deux manières. La plus spectaculaire renvoie à la tragédie, la vraie. Depuis dix ans, 173 journalistes ont été assassinés en Amérique latine, le plus souvent par l'armée, presque toujours dans l'impunité. Les correspondants tués à l'occasion d'un conflit sont eux aussi fort nombreux. Ensemble, ces victimes du devoir d'informer alimentent la légende dorée dont sont friandes une profession normalisée et ses vedettes révérencieuses.

Les "chartes de déontologie" sont l'autre façon de celer l'évidence. A priori, l'intention en est plutôt louable : puisque l'information ne serait pas un produit comme un autre, ses fabricants devraient en effet s'imposer une vigilance particulière. Mais un remède de ce type nourrit surtout le grand mythe de la profession, celui du pouvoir de ses soutiers. Car l'information est bien devenue un produit comme un autre, achetable et vendable, profitable ou coûteux, condamné sitôt qu'il cesse de rapporter. La société, nous dit-on sans relâche, serait désormais organisée par ce produit-là ; elle est également, on le sait, chaque jour plus privatisée et plus marchande. Pourtant, syllogisme miraculeux, on voudrait que l'information échappât aux règles qui structurent le reste du champ social. Elle seule relèverait ainsi d'un comité d'éthique et de la cogestion de ses salariés, idées jugées "archaïques" partout ailleurs. Provenant de ceux-là mêmes qui ne cessent d'exalter la grande contre-révolution capitaliste de cette fin de siècle, qui savent si bien expliquer aux ouvriers belges de Renault que leur remplacement par des ouvriers brésiliens moins payés est "incontournable", que décidément la mondialisation impose à chacun de s'adapter, un tel aveuglement peut surprendre. Mais comment annoncer avec ménagement à un journaliste que, pour lui aussi, "Lip, c'est fini", qu'il dispose d'à peine plus de pouvoir sur l'information qu'une caissière de supermarché sur la stratégie commerciale de son employeur ? Tant de stages, tant de précarité, tant de contrats à durée déterminée pour en arriver là : on se rêvait l'héritier de Bob Woodward, on est le tâcheron de Martin Bouygues.

1

Un journalisme de révérence

La légende de l'indépendance du journaliste est presque toujours servie avec le même prélude. Il était une fois en France, dans les années 60, un ministre de l'Information qui pouvait, de son bureau, sonner les responsables de la radio et de la télévision publique pour leur communiquer ses instructions. Il lui arriva même de présenter en personne, aux téléspectateurs, la nouvelle formule du journal de 20 heures. Cette histoire, qui ne l'a déjà entendue cent fois, avec Alain Peyrefitte dans le rôle un peu improbable du Candide découvrant dans son ministère l'existence du ténébreux grelot. Conclusions suggérées : les temps ont changé; le proverbial «cordon ombilical» entre pouvoir et information a été sectionné aussi sûrement que le fil de la sonnette d'antan; "la voix de la France" s'est tue. A ceux qui en doutent, les actuels mandarins de la communication répondent aussi sèchement que Christine Ockrent : *«Il faut avoir la mémoire courte pour ne pas s'exclamer sur le chemin parcouru depuis l'époque de l'ORTF»* [3].

Mais il faut aussi avoir la mémoire et le regard courts pour trop s'exclamer. A défaut d'un coup de sonnette, c'est sans doute un coup de téléphone qui, en 1996, notifia à Christine Ockrent que, pour avoir déplu au nouveau président de la République dont l'un des amis venait de devenir propriétaire de *L'Express* (Pierre Dauzier, PDG de Havas), elle se verrait sans délai congédiée de son poste de directrice de la rédaction de cet hebdomadaire. De très copieuses indemnités rendirent la chose moins douloureuse pour elle. Mais pas moins instructive pour les autres.

Peu de sujets sont aussi abondamment traités, et de manière aussi souvent décevante, que les rapports entre médias et pouvoirs. Où ? qui ? quand ? quoi ? comment ? pourquoi ? Ces questions qui, paraît-il, devraient structurer toute information ne sont toutefois presque jamais posées quand il s'agit d'informer... sur l'information. Exquise délicatesse, *omerta* professionnelle ou calcul de l'auteur désireux de ne pas brûler les vaisseaux médiatiques qui emporteront son ouvrage dans la liste des *best-sellers*, tout cela joue à la fois. Et explique le traitement contrasté d'un livre célébré dans tous les médias alors qu'il est particulièrement anodin et d'un autre recouvert de silence alors qu'il est d'un intérêt exceptionnel [4]. Le premier avait pour auteur un sondeur bien introduit, le second, trois journalistes "de base" et un sociologue dont le tort principal était de ne pas se nommer Alain Touraine.

En matière d'information, l'éducation se nourrit donc aussi d'exemples et de pratiques. Et puisqu'il est d'abord question des rapports entre hommes politiques et journalistes, tout commence par un climat. Un salarié de TF1 le résume ainsi : « *Les journalistes politiques souhaitent se mettre en valeur aux yeux des hommes de pouvoir, avoir des rapports d'amitié avec eux sous prétexte d'obtenir des informations. Mais cela les rend courtisans, ils ne font plus leur métier. Ils approchent le pouvoir et en sont contents parce qu'ils se sentent importants. Quand le ministre fend la foule et vient leur serrer la main, ça leur fait vraiment plaisir. Ils vont aussi en tirer de menus avantages : les PV qui sautent, une place en crèche pour les enfants, des appartements pas chers grâce à la ville de Paris... »* [5]. On sait également – et il n'y a rien d'offensant à le rappeler – que cette proximité peut aller plus loin. La France, après tout, est un pays où l'idée de faire interroger le président de la République par deux journalistes également femmes de ministres n'a pas paru extravagante. L'étranger, où l'on va toujours goulûment chercher les dernières philippiques contre nos "archaïsmes" sociaux, s'est déclaré étonné par ce type de pratique un peu féodale qui illustrait de manière sans doute trop voyante la réalité des rapports incestueux entre médias et pouvoir (« *En France, les journalistes sont souvent beaucoup trop proches de ceux sur qui ils écrivent* » estima par exemple le quotidien britannique *The Guardian* du 10 mai 1993). Mais là, l'étranger raisonnait mal ; son invitation à la modernité n'a donc pas rencontré chez nous les échos habituels. Le fondateur du *Monde*, Hubert Beuve-Méry, expliquait il y a fort longtemps que « *le journalisme, c'est le contact et la distance* ». Il ne reste plus guère que le contact.

La sonnette d'Alain Peyrefitte a été coupée. Il a cependant fallu attendre la fin du second septennat de François Mitterrand pour découvrir [6] que l'ancien président de la République avait, sciemment et longtemps après la guerre, continué à fréquenter un haut dignitaire de Vichy impliqué dans les basses œuvres les plus sordides de ce régime, qu'il avait envoyé à la guillotine des militants de l'indépendance algérienne et... qu'il avait un cancer depuis le début de son premier mandat. Tant d'enquêteurs et tant de journaux se prétendant concurrents pour arriver à ce résultat-là ! Une aussi monumentale faillite, cruellement remarquée à l'étranger, a surtout provoqué chez nous le désir de parler d'autre chose. En France, pour les directeurs de l'information, la marque du succès reste d'abord et toujours d'obtenir d'un décideur quelconque qu'il exprime ce qu'il veut et quand ça lui chante, mais en exclusivité dans l'organe de presse dont ils ont la charge. Il paraît même que cette dissémination d'une voix officielle s'appelle "tenir un scoop". Une performance de cet ordre mérite invariablement la une.

N'ayons pas la mémoire courte. Lorsque, en 1984, François Mitterrand crée une nouvelle chaîne de télévision privée, Canal Plus, il la confie à un homme, André Rousselet, qui était précédemment son directeur de cabinet. Dix ans plus tard, quand les responsables de la chaîne franco-allemande Arte veulent donner quelque relief à la centième de l'émission *Transit*, une idée leur vient, aussi originale que révélatrice de nos mœurs de Cour : conduire un entretien conjoint avec le président de la République française et le chancelier allemand. Ce n'est pas tout : Jérôme Clément, président de la chaîne et ancien conseiller de Pierre Mauroy à Matignon, décide de soumettre à MM. Kohl et Mitterrand une liste des journalistes susceptibles de les interroger. En Allemagne, le procédé choqua[*]. Mais M. Clément expliqua avec une louable franchise : « *En France, il est tout à fait normal de discuter avec l'Élysée du choix du journaliste qui pose les questions. Les relations que ceux-ci entretiennent avec le pouvoir politique, mais également avec le monde culturel, sont beaucoup plus étroites.* » Pour M. Chirac aussi, le cordon est coupé. Mais l'Élysée « discute » encore du profil et de l'identité de ceux à qui le chef de l'État concédera l'offrande d'un entretien. On l'exige préve-

---

[*] La *Süddeutsche Zeitung* précisa que « *négocier avec la Chancellerie pour choisir un journaliste heurtait les règles de l'indépendance du journalisme en Allemagne* », in Le Monde, 25 mai 1994.

nant : on convoque Jean-Marie Cavada. On le veut compassé : on appelle Alain Duhamel. On le préfère "branché" : Michel Field accourt. Tant de chemin parcouru depuis l'ORTF donne presque le vertige...

Michel Field est le symbole le plus récent d'une génération de journalistes qui, à coups d'audaces très calculées, a réussi une assez belle reconversion du militantisme d'extrême-gauche au centre-gauche médiatique. Ce genre de métamorphose, hélas très banal – donc qualifié de balzacien par ceux qui ont quelques lettres – a déjà fait l'objet d'un superbe pamphlet publié il y a un peu plus de dix ans [7]. Pour le nouveau successeur d'Anne Sinclair sur la chaîne de Bouygues, une émission constitua la rampe de lancement. En mars 1994, la direction de l'information de France 2 décide de consacrer une soirée-débat à un projet gouvernemental très impopulaire, celui de créer un "SMIC-jeunes", naturellement plus bas que l'autre. Louis Bériot, alors directeur d'antenne de France 2, explique : « *Elkabbach recommanda à Jean-Luc Mano de produire une émission spéciale, sorte de défouloir où les jeunes viendraient s'exprimer. L'animation en fut confiée à Michel Field. Il fallait un jeune, de gauche, et philosophe de surcroît, pour parler avec les jeunes et avoir une certaine crédibilité* » [8]. Quand l'émission fut mal prise par le pouvoir balladurien – qui réagit en amputant de 800 millions de francs le budget espéré par les responsables de la télévision publique – Jean-Luc Mano, alors directeur de l'information de France 2, plaida, mais en vain : « *Écoutez, j'ai rencontré un ministre qui n'avait pas trouvé bien la soirée* [...] *Je lui ai dit : quand ça bout, il y a deux solutions. Soit on ouvre le couvercle et on peut se prendre de la vapeur. Ce n'est pas très agréable. Mais si on ne l'ouvre pas, quand on reçoit le couvercle dans la figure, ça fait très mal. Évidemment, nous avons joué le rôle de la soupape de sécurité. Les gens intelligents l'ont bien compris* » [9].

Le 10 janvier 1995, un petit événement révéla la formidable résistance du journalisme de révérence. A Matignon, Edouard Balladur venait de présenter ses vœux à la presse. Soudain, inattendus, les applaudissements crépitèrent. Le bonheur était assurément partagé puisque le premier ministre, se jugeant déjà élu président de la République, venait de s'avouer satisfait du « *soutien* » que lui apportaient les journalistes : « *Globalement, je crois que je ne vais pas me plaindre de vous* ». Il n'avait en vérité aucune raison de se plaindre : hormis une émission – libératrice et quotidienne – de marionnettes sur Canal Plus, quelques journaux de parti et deux hebdomadaires satiriques, les médias lui mangeaient dans la main. TF1, bien sûr ; mais France 2 et France 3 aussi, à la tête desquels il avait fait nommer un journaliste d'Europe 1 qui, cinq ans plus tôt, dans l'un des livres d'entretien assez pesants qu'Edouard Balladur infligeait au pays, lui avait élégamment servi de "faire-valoir". Edouard Balladur le « *conviait chaque semaine à l'heure du thé, à son domicile d'abord, puis à Matignon quand il devint premier ministre, pour l'entendre et lui confier ses états d'âme* » [10]. Cette heure du thé s'apparentant un peu à un club de la presse, le front des illustres commentateurs n'inspirait pas davantage d'inquiétude. Dans le cadre d'un pluralisme parfaitement convenable, l'un des grands quotidiens parisiens avait le balladurisme franchement incliné à droite, et l'autre, quoique plus à gauche, était tout aussi balladurien. Le bon équilibre de la journée était également assuré : le premier journal paraissait le matin, le second l'après-midi.

Tout allait si bien que, quand Alain Carignon, ministre de la Communication, dut démissionner du gouvernement pour passer quelque temps à la prison Saint-Joseph de Lyon, il fut, promptement et sans histoire, remplacé par Nicolas Sarkozy. La décision était pourtant provocante, ce dernier se retrouvant alors simultanément ministre de tutelle des télévisions et radios publiques, ministre du Budget et... porte-parole du candidat Edouard Balladur à la présidence de la République. Mais l'épais portefeuille d'amitiés médiatiques du maire de Neuilly lui servit de bouclier protecteur contre toute observation inutilement désobligeante.

Le temps aux plus belles choses se plaît à faire un affront. Dès mars 1995, les chances du candidat des médias s'évanouissent. Bon baromètre des fidélités à prévoir et des infidélités à préméditer, les sondages sonnent le tocsin. Coup sur coup, les deux hommes dont l'accession à la présidence de la République eût fait rosir de bonheur les rédactions parisiennes viennent ainsi de décevoir la confiance qu'on leur a faite, le premier à cause de sa pusillanimité bavarde (Jacques Delors), le second en raison de son mépris trop voyant pour l'électeur (Edouard Balladur). Il faut donc sans tarder se faire à l'idée inattendue de l'élection de Jacques Chirac. La presse y gagnera peut-être en pugnacité.

L'occasion d'un éventuel réveil du contre-pouvoir ne tarde pas. Grâce au *Canard Enchaîné*, on apprend en effet que le tout nouveau procureur autodésigné de la fracture sociale occupe un fort bel appartement de la ville de Paris, et à bon prix. Le soir même de cette révélation, Jacques Chirac est l'invité de Jean-Marie Cavada qui, outre une émission politique hebdomadaire sur France 3 et une chronique "philosophique" sur France Inter, vient d'être nommé président d'une nouvelle chaîne éducative. Investi de tant de talents (philosophe, journaliste, éducateur, producteur), Jean-Marie Cavada

n'hésite pas. Il pose la question que chacun attend :
« *Combien pouvez-vous me citer, M. Chirac, de variétés de
pommes ?* ». Ce fut drôle, impertinent même.

Peu après, et M. Chirac étant toujours au plus haut
dans les sondages, c'est au tour de France 2 de tenter sa
chance. Déjà quinze ans plus tôt, on raconte que les
journalistes qui devaient interroger Valéry Giscard
d'Estaing sur l'«affaire des diamants», elle aussi révélée
par *Le Canard Enchaîné,* avaient tiré à la courte paille
pour désigner celui qui, penaud, affronterait le courroux
présidentiel en lui posant la question maudite. En
novembre 1979, Alain Duhamel avait ainsi gagné le
droit de faire son métier. Deux septennats ont passé :
Laurent Joffrin, alors directeur de la rédaction du *Nouvel
Observateur,* et de ce fait moins exposé à des mesures de
rétorsion que ses confrères de la télévision publique,
prend son courage à deux mains.

– Laurent Joffrin : *M. Chirac, je vais vous poser une question que vous allez juger, j'imagine, désagréable, mais enfin
bon les journalistes ne sont pas toujours obligés de poser des
questions qui plaisent aux candidats.*

– Jacques Chirac : *Absolument.*

– Laurent Joffrin : *Il y a eu une polémique qui a été
déclenchée à la suite de la publication d'un article dans* le
Canard Enchaîné. *Et cet article a trait, avait trait à un
appartement que vous louez, que votre famille loue dans le
septième arrondissement...*

– Jacques Chirac : *C'est moi qui loue.*

– Laurent Joffrin : *C'est vous ? Et on vous a reproché, d'une
certaine manière, de bénéficier d'une opération immobilière
qui vous permet de payer un loyer avantageux eu égard aux
facilités que comporte cet appartement, à sa nature immobilière. Vous avez répondu que tout ça était légal et donc
qu'il n'y avait pas d'irrégularité. Personne ne vous a contre-*

dit sur ce point. Mais est-ce que c'est pas quand même un peu ennuyeux pour des questions d'image, parce que ça risque quand même de vous donner un peu l'image de quelqu'un qui bénéficie, même s'il est parfaitement honnête – et tout le monde le pense – mais qui bénéficie – avec d'autres mais comme d'autres – d'un certain nombre de privilèges qui sont fermés aux citoyens normaux puisque, apparemment, le loyer en question est quand même très avantageux par rapport à l'appartement ?

Il est arrivé que des candidats soient interpellés de façon plus rude.

En France, un président inspire de la révérence, même mort. L'épisode qui suit n'a pas suscité les quelques commentaires autocritiques provoqués par l'indignation médiatique compacte devant les faux charniers de Timisoara, le bellicisme médiatique compact de la guerre du Golfe, l'européisme médiatique compact du référendum de Maastricht, le balladurisme médiatique compact de 1994. Donc, deux mois à peine après... le soutien médiatique compact qui avait salué le plan Juppé *(lire pages 66 à 74)*, c'est le décès de François Mitterrand qui ensevelit la France sous un nouveau débordement d'immaturité journalistique et d'unanimisme fabriqué. L'événement était significatif, mais pas décisif : le mort n'était plus chef de l'État et même son ancien parti s'était timidement engagé dans l'inventaire douloureux de son action de président. L'homme ne suscitait pas une passion universelle : la droite ne l'avait jamais aimé parce qu'il lui avait ravi le pouvoir et qu'elle le croyait de gauche ; une bonne partie de la gauche s'en était détachée, ayant découvert son passé et se souvenant de son bilan. Or, au lieu d'utiliser l'occasion de son décès prévisible pour débattre des mérites d'un personnage qui avait imprimé sa marque sur plus de trente ans d'histoire de France, la quasi-totalité des journalistes consacra à l'événement des heures d'antenne dévotes et des flots d'encre révérencieux. Souvent, il est vrai, l'occasion était trop tentante de laisser échapper que, survolant ensemble la Basilique de Vézelay, feu le Président leur avait confié ceci ou fait part de cela, et que désormais, par ce dialogue, ils devenaient un peu les Saint-Simon de notre siècle. Certains tirèrent même de leur docilité mitterrandienne une réputation d'impertinence qui les propulsa à la tête d'un grand hebdomadaire*. Et on comprit que, pour d'autres au parcours politique chaotique (Serge July, Franz-Olivier Giesbert), la cérémonie funèbre s'apparentait à une autocélébration par procuration : ce qu'ils appréciaient le plus dans l'ancien chef de l'État, c'était précisément son opportunisme et son machiavélisme.

Le 13 janvier 1996 à 13 heures, France 2 eut une idée à la mesure de l'indigence toujours renouvelée de son journal de la mi-journée : un reportage sur «Mitterrand et les chapeaux», sujet jugé plus porteur que Mitterrand

---

* Ainsi, annonçant, dans son édition du 6 mars 1997 l'arrivée de Georges-Marc Benamou à la direction de la rédaction de *L'Evénement du Jeudi*, Thierry Verret, actionnaire principal, expliqua le plus sérieusement du monde : «*Surprenant et insolent, en marge de l'establishment, il saura continuer de faire jouer à l'EdJ ce vrai rôle de contre-pouvoir face aux autres médias qui se complaisent trop souvent dans le conformisme et les honneurs de ce qu'on appelle le "quatrième pouvoir". Je sais qu'il sera aussi très à l'aise avec ce tempérament impertinent, et même provocateur, qui a fait la personnalité de l'EdJ. Tous les ingrédients du succès et de la continuité sont donc réunis.*» Or Georges-Marc Benamou avait précédemment dirigé la rédaction de *Globe*, dont il fit l'hebdomadaire de la Cour pendant le deuxième septennat de François Mitterrand. Plus tard, il fut l'auteur d'un livre dévot consacré à la dernière année de l'ancien président de la République. Quant à *L'Evénement du Jeudi*, son impertinence sera garantie par la montée en puissance de la participation de Jean-Luc Lagardère dans le capital du journal (de 23 % à 48 %).

et les sicavistes (dont il avait accru la fortune) ou Mitterrand et les sidérurgistes (dont il avait précipité le malheur). Mais, deux jours plus tôt dans *Le Figaro,* Jean-Luc Mano, alors directeur de l'information de France 2, avait déjà justifié les tonneaux d'eau bénite qu'il servait, avec d'autres, à l'opinion publique : « *En ces moments d'unité nationale retrouvée, on nous a parfois reproché de ne pas laisser de place à la critique. Si cette place est faible, c'est qu'aucun affrontement n'a pu avoir lieu faute de combattants, ceux-ci ayant respectueusement déposé les armes*». Allons, une telle définition du contre-pouvoir en vaut bien une autre...

Pendant la guerre du Golfe, on s'occupa davantage d'encourager l'ardeur des combattants. Presque tout a été dit sur l'effondrement de l'esprit critique des journalistes lors de ce conflit où, mis à part *L'Humanité* et *La Croix* par intermittence, chacun des directeurs de quotidien se plaça au service de nos soldats[11]. Presque unanimes, les hebdos, radios et télévisions firent chorus, se transformant en classe de recyclage pour officier au rancart vaincu en Algérie et soucieux de prendre, dans les médias, sa revanche sur les Arabes. Il y eut bien quelques dissidents, quelques journalistes qui refusèrent d'endosser une tenue camouflée. A *Libération* et à France 2, chacun se souvient encore de leurs noms. Ces jours-là, ils sauvèrent un peu l'honneur d'une profession en déroute.

Si, au cours de ce conflit, quelqu'un avait visionné aux États-Unis successivement les journaux télévisés américains et ceux, diffusés par câble, des chaînes publiques françaises, une chose l'eût assurément frappé. Non pas que les reporters de CBS ou de CNN fussent moins courbés que leurs confrères parisiens devant la parole officielle et galonnée. L'étalon de la docilité fut en effet à peu près comparable. L'étrange résidait ailleurs. Alors que chaque décision et chacun des détails de l'opération militaire eut la Maison Blanche pour seul auteur, des journalistes parisiens comme Paul Amar s'échinaient à mettre pompeusement en scène des "conseils de guerre à l'Élysée" lors desquels tel ou tel "ultimatum" décisif serait envoyé à Bagdad. Le tout annoncé «en direct». Mais ce journal étant diffusé aux États-Unis avec plusieurs heures de décalage, c'est avec impatience que le patriote délocalisé voulait en savoir aussitôt davantage sur le sort de la grande initiative nationale. Hélas, une simple pression du doigt sur la télécommande faisait s'évanouir ces gesticulations destinées à faire croire que la France « tenait son rang» dans une épreuve où elle ne fournit jamais rien d'autre que la piétaille de la division Daguet. De retour sur les chaînes américaines, les vraies hiérarchies diplomatiques et militaires retrouvaient aussitôt leur place : personne n'y évoquait, même sous forme de "brève", le fameux tournant du conflit qui venait d'avoir lieu à Paris.

Quels furent les ressorts profonds de la fusion entre journalisme et pouvoir au moment de la guerre du Golfe? Quand les avions "alliés" détruisaient l'ancienne Mésopotamie, un homme de culture aussi exceptionnellement raffiné que Charles Villeneuve expliqua bien : « C'est la guerre du monde civilisé contre les Arabes ». Toutefois l'ethnocentrisme et les nostalgies coloniales de "mission civilisatrice" ne jouèrent qu'un rôle marginal. En revanche, lorsque les spectateurs engagés de cette période se remémorent une « belle époque», voire « un immense plaisir » [12], ils renvoient à tous les élans d'union nationale, à ces instants où chacun s'efface devant une cause sacrée, surtout s'il imagine que le "siècle de l'information" l'investit à cet égard d'une responsabilité particulière. Être "contre" le "pouvoir" menacerait-il leur influence et celle de leur journal? La plupart des hommes de presse préfèrent alors hurler avec les loups. C'est pendant ces bouffées de fièvre et d'intolérance que le journaliste pourrait manifester son aptitude à la dissidence. Mais il aime lui aussi barboter dans le torrent unanimiste, jeter à la rivière le cynisme dont on le soupçonne, exhiber les derniers jouets que la technologie lui livre, faire front contre l'ennemi, rester "mobilisé" avec son armée et son pays. Pour consolider la réconciliation entre l'opinion et le pouvoir*, il suspend sa vigilance. Et son bonheur de servir tient lieu d'aveu.

La campagne du référendum sur le traité de Maastricht répéta les dérives observées pendant la guerre du Golfe. Là encore, beaucoup de choses se conjuguèrent : la volonté d'encourager l'élite qui construit l'avenir ("l'Europe"), alors que le peuple ne sait qu'exhaler ses nostalgies et ses peurs ; la préférence instinctive pour les options du centre, surtout lorsqu'elles s'opposent aux extrêmes "populistes" et "nationalistes" ; la place accordée aux avis des "experts" et des "intellectuels", eux aussi particulièrement sensibles aux ressorts précédents. Intelligence contre irrationalité, ouverture contre repli, avenir contre passé, ordre contre meute : tous ces fragments d'un discours méprisant de caste et de classe resurgiront au moment des manifestations contre le plan Juppé.

---

* Interrogé en avril 1991 par Europe 1, un sondeur imputait déjà à "l'opinion" la nostalgie du conflit qui venait de s'achever : « *On a vu dans la guerre du Golfe que les Français pouvaient se recentrer sur toute une série de choses. Elle a été l'occasion, par exemple, pour les jeunes de penser autre chose de l'armée, pour les Français de penser autre chose de l'Amérique. Cette embellie, si elle n'est pas cultivée, va ramener les Français à des choses très molles* ». (Cité par Patrick Champagne, "La loi des grands nombres", *Actes de la recherche en sciences sociales*, n° 101-102, mars 1994).

Avec Maastricht, le point de départ est presque élémentaire. Il s'agissait de précipiter la naissance d'« *une économie ouverte où la concurrence est libre* ». La totalité des ministres socialistes, la majorité de l'opposition de droite et 89 % des parlementaires s'étant prononcés pour la ratification d'un traité prévoyant une telle félicité, le contre-pouvoir savait ce qui lui restait à faire : s'aligner. Nul doute que cette posture lui vint naturellement tant elle confortait son idéologie du moment et son sentiment d'appartenance à l'élite politique, sociale et intellectuelle du pays. Toutefois, les citations qu'on va lire [13] doivent être appréciées en ayant ce qui suit à l'esprit. Longtemps, les historiens du XXᵉ siècle qui, avant l'arrivée massive des sondages, enquêtaient sur l'état de l'"opinion", se plongeaient dans la lecture de la presse. Après avoir parcouru *Le Monde, France Soir* et *Le Figaro, Le Nouvel Observateur, Paris Match* et *L'Express*, écouté tour à tour les éditoriaux de RTL, RMC, France Inter et Europe 1, jeté un œil sur les journaux télévisés et complété leur tour d'horizon par *Les Echos* ou par *Télérama*, ils pouvaient légitimement estimer avoir cerné le sentiment dominant, communistes mis à part. Si, en septembre 1992, ce genre d'historien s'était livré à ce type d'exercice, il aurait d'abord remarqué le nombre réduit de quotidiens rescapés*. Mais il n'aurait jamais imaginé que le "non" ait pu être très près de l'emporter, puisque *tous* ceux qu'on a nommés – et la quasi totalité des autres – avaient appelé à voter "oui".

---

* De 1946 à 1995, le nombre des quotidiens français est passé de 203 (28 nationaux et 175 régionaux) à 67 (11 nationaux et 56 régionaux).

Les cabris de Maastricht

« L'horlogerie de notre système démocratique s'est détraquée »,
une « campagne de presse obsédante », des « journalistes
insidieux » : l'appréciation d'un grand hebdomadaire
et la dénonciation des médias par François Mitterrand
remontaient à l'« affaire Habache ». Lors du débat sur le
traité de Maastricht, l'« horlogerie » paraît avoir mieux
fonctionné, en faveur du "oui" : le pouvoir socialiste,
les chefs de la droite et le patronat ont eu pour caisse de
résonance une presse respectueuse et quasiment unanime.
Sous la pression de leurs lecteurs, certains des grands
quotidiens d'information nationaux ont hésité mais, lorsque
est venu pour eux « le temps de conclure », le « long et passionné
débat » a débouché sur un « oui critique » (Alain Peyrefitte,
Le Figaro). D'autres ont conclu avec plus d'allant, souvent
à coups d'éditoriaux intempérants, répétitifs et sommaires.
Alors directeur du Monde, Jacques Lesourne prit la plume
pour annoncer qu'« un non au référendum serait pour
la France et l'Europe la plus grande catastrophe depuis
les désastres engendrés par l'arrivée de Hitler au pouvoir ».

Quant à la presse hebdomadaire, jamais sans doute
depuis la guerre du Golfe elle n'avait à ce point démontré
le caractère factice du pluralisme qu'elle affiche. Devant
« un enjeu fondamental et dramatique » pour les uns,
la menace d'« une France écartelée » pour les autres,
« les avantages du oui » apparurent d'autant plus formidables
qu'il n'y avait « pas de non tranquille. Va donc pour
le catastrophisme s'il est de bon aloi » (Claude Imbert,
Le Point). Bien sûr, l'électeur pouvait ne pas lire les quatre
piliers hebdomadaires de la pensée unique en France.
Alors dirigé par Jean-François Kahn, L'Evénement du Jeudi
fut simplement un peu plus emporté que les autres.
Mais, qu'il s'agisse du Point, de L'Express ou du Nouvel
Observateur, les couvertures d'apocalypse dévoilaient assez
vite la diversité de l'information et des commentaires
qui seraient servis. Et, en septembre 1992, même Télérama,

qu'on imaginait à cent lieues d'un tel débat, sauta sur l'« *occasion urgente* » de « *réaliser l'Europe monétaire* ».

Les radios à la fois gratuites et "généralistes" devaient-elles, en plus, être ouvertes aux deux France, celle du "oui" et celle du "non" ? C'eût été alimenter une vieille cassure que venaient d'enterrer les meetings communs d'Elisabeth Guigou et de Valéry Giscard d'Estaing, de François Léotard et de Pierre Bérégovoy. Afin de s'épargner un tel danger, on limita la parole éditoriale à ceux qui la détenaient déjà dans une presse écrite tout acquise à la modernité européenne. Vous ne l'avez pas lu dans *L'Express* ou dans *Le Point*? Vous l'entendrez sur Europe 1. Vous l'avez mal entendu sur RTL? Relisez *Le Nouvel Economiste*. Quant à *L'heure de vérité* de France 2, dont tous les journalistes habituels furent des militants du "oui", il suffisait, pour retrouver son animateur, François-Henri de Virieu, de l'écouter sur RMC commenter ainsi l'émission télévisée que TF1, Guillaume Durand et Jean d'Ormesson avaient servie au président de la République : « *Tout ayant été dit soit par les journalistes, soit par l'échantillon de la SOFRES, la présence de Philippe Séguin* [partisan du "non"] *n'était absolument pas nécessaire à la clarification du débat* ».

Mais, si le « débat » était clair, l'enjeu n'était pas toujours le même. « *Voulons-nous assurer la paix en Europe et y faire bientôt une monnaie qui sera la plus forte du monde ?* », interrogeait l'un. « *Lundi, on va être soit plus puissant, soit moins puissant* », répondait l'autre. « *Le non discrédite la France, le oui renforce sa main* », tranchait un troisième. Ces discordances paraissant modestes, on réussit, sur une radio où huit éditorialistes sur neuf avaient déclaré à l'antenne leur préférence "maastrichienne", à trouver matière à controverse en opposant l'éditorial d'un directeur d'hebdomadaire favorable au "oui" à celui d'un directeur de quotidien lui aussi favorable au "oui". Un "débat" écologiste opposa sur France Inter Brice Lalonde à Antoine Waechter, pour une fois d'accord l'un avec l'autre et... avec le traité de Maastricht. Sur Europe 1, il y eut chaque dimanche un "face-à-face" entre deux journalistes (Serge July et Alain Duhamel) partisans de la ratification.

Face à ceux que Bernard Pivot appela l'« *arrogante nomenklatura des nantis et des médiatisés* », le « *rassemblement ronflant de ceux que la vie a comblés* », il n'y eut apparemment que plèbe ignorante et fanatique. «*Bandits* », « *gang des démolisseurs* », « *rongeurs* », « *fossoyeurs de l'espérance* », fourriers des « *nazillons de Rostock* », de « *Munich* », de la « *barbarie* », de la « *tribalisation du continent* », tous ceux qui, selon la sobre expression de Jean-François Kahn, préféraient « *un non barbelé à un oui d'ouverture* » et « *la logique de l'épuration ethnique à celle de l'intégration européenne* » furent donc remis à leur place et menacés du pire : la démission de M. Delors, à l'époque président de la Commission de Bruxelles. « *Les guerres, ça suffit comme ça !* » proclamèrent à l'unisson ceux qui, deux ans plus tôt, s'étaient montrés moins jaurésiens face aux Irakiens.

Qui dit presse dit revue de presse. Sur France Inter, lorsque Ivan Levaï faisait un effort d'équilibre – dont on sentait bien qu'il lui coûtait – le "oui" disposait encore de citations à la fois beaucoup plus copieuses et infiniment plus enthousiastes que le "non" : « *La lecture du texte* [c'était déjà le deuxième] *d'Edgar Morin m'apparaît presque obligatoire* », nous précisa-t-il. Et quand « *le Figaro comptabilise les derniers arguments du oui* », nul besoin de craindre que la *Revue de presse* un peu borgne de France Inter ne soit pas là pour les comptabiliser avec lui. Le directeur de l'information de la station ne s'avoua-t-il pas « *fasciné et saisi* » par la campagne de M. Giscard d'Estaing, « *très impressionné* » par celle de M. Barre, « *impressionné par la très grande qualité* » de celle de M. Rocard et même, gageure suprême, « *saisi par la qualité du discours* » de M. Fabius. « *Il n'y a que des gens du oui* », lui fit alors remarquer, facétieux, l'un des journalistes de la station.

Le "non" s'exprima, mais moins souvent et devant un micro tendu en embuscade. Avec Jean-Pierre Elkabbach, les questions d'Europe 1 se firent militantes. « *Pour éviter*

de ne dire que des slogans », il interrompit Philippe de
Villiers. Et Pierre Messmer se vit présenté ainsi :
« *Intégriste du gaullisme, il dit non à Maastricht en faisant
parler le général de Gaulle vingt-deux ans après sa mort* ».
Avec M. Giscard d'Estaing, l'entrée en matière avait été plus
prévenante : « *Vous avez fait en faveur du oui une magnifique
campagne à la fois pédagogique et raisonnable* ». Lorsque
les partisans du "oui" furent traités avec moins de chaleur,
ils s'en offusquèrent. Sur France 2, le premier ministre,
Pierre Bérégovoy, répliqua vertement à un journaliste
impertinent : « *J'ai tout mon temps, et vous aussi j'espère* ».
C'est vrai, l'antenne lui appartenait.

Ils eurent tout leur temps. Pendant une émission de trois
heures diffusée sur TF1, interrogé par trois journalistes
partisans du "oui" et par un « *panel représentatif* » qui révéla
l'émergence insolite de Génération Ecologie au rang
de principal parti du pays, le président de la République,
qui venait fort opportunément d'annoncer qu'il souffrait
d'un cancer découvert onze ans plus tôt, affronta brièvement
M. Séguin vers 11 heures du soir. Le quotidien anglais
The Guardian compara la soirée à une « *publicité politique
en faveur de l'Europe unie* ». Cinq ans plus tard, l'un
des participants, Jean d'Ormesson avoua qu'il s'agissait
bien d'« *une émission de propagande* ».

Appuyé par *L'Evénement du Jeudi*, M. Fabius se plaignit
néanmoins : « *Le non, du point de vue des médias, ça intéresse
plus* ». Le Conseil supérieur de l'audiovisuel révéla que,
pendant l'été, le "oui" avait disposé d'un temps d'antenne
supérieur au "non" : 46 % de plus sur TF1, 53 % sur
Antenne 2, 191 % sur FR3. « *La campagne a été monopolisée
par le non pendant les vacances* », jugea pourtant Alain
Duhamel, d'autant plus hostile aux monopoles médiatiques
qu'il était à l'époque à la fois éditorialiste à Europe 1,
au *Point*, au *Quotidien de Paris* et journaliste à France 2.

Des correspondants français à Tokyo avaient indiqué :
« *Maastricht : le Japon voterait oui* ». L'information fut
confirmée par le premier secrétaire de la mission japonaise

à Bruxelles. Quant à l'Amérique, l'envoyé spécial du *Figaro*, Stanley Hoffmann, le *New York Times* et le candidat Bill Clinton annoncèrent tous qu'elle préférait de loin Maastricht à son rejet. Peu importa au *Nouvel Observateur*, à ce point partisan qu'il en devint lassant. L'hebdomadaire publia donc un article titré : « *États-Unis, Japon : pourquoi Maastricht leur fait peur ?* ». Et M. Bérégovoy fut appuyé par nombre de commentateurs quand, un an après la guerre du Golfe, il annonça que si le "non" l'emportait, la France ne pourrait pas « *résister demain au président Bush* »... lui-même favorable au traité ! Tout fut à l'avenant. Le succès du Système monétaire européen (SME) augurait bien de celui de la monnaie unique ? Son implosion rendit cette dernière encore plus nécessaire.

Enfin il y eut les petites manipulations. M. Séguin se montrant vite l'un des avocats les plus performants du "non", on lui imputa de souhaiter « *secrètement* » la victoire du "oui". « *Si c'est non, il y aura une bourrasque monétaire. Si c'est oui, il y aura une baisse des taux d'intérêt* », avait promis Dominique Strauss-Kahn, alors ministre de l'Industrie. Ce fut "oui" : les taux d'intérêt montèrent. Pierre Bérégovoy l'avait bien annoncé : « *Si l'on est bien informé, on doit choisir de voter oui* ».

2

Prudence
devant l'argent

En composant la légende dorée de leur indépendance, les journalistes français insistent en général de manière suspecte sur la seule évolution de leurs rapports avec le pouvoir politique. Et, sur ce terrain étroit, ils arpentent presque toujours le même lopin, celui de la télévision.

Il leur suffit alors que le ton de la personne qui interroge le chef de l'exécutif – à sa demande et sur des sujets convenus à l'avance – soit devenu un peu moins empressé que celui des "entretiens" de Michel Droit et de Charles de Gaulle ou de Patrice Duhamel et de Valéry Giscard d'Estaing, pour que la nouvelle liberté de la profession leur semble établie. Mais puisqu'il paraît que le pouvoir a changé de lieu, que l'Elysée n'a plus d'autre mission que de conseiller aux Français de s'adapter au mouvement de la vie, c'est-à-dire à celui des entreprises, pourquoi s'intéresser si peu aux servitudes que ces entreprises imposent à l'information?

Noam Chomsky ne cesse de le répéter : l'analyse du dévoiement médiatique n'exige, dans les pays occidentaux, aucun recours à la théorie du complot. Un jour, un étudiant américain l'interroge : « *J'aimerais savoir comment au juste l'élite contrôle les médias?* ». Il réplique : « *Comment contrôle-t-elle General Motors? La question ne se pose pas. L'élite n'a pas à contrôler General Motors. Ça lui appartient* »[14]. En France, l'imbrication croissante entre les groupes industriels et les médias ramène le pays à la situation qu'il a connue sous la Troisième République, et à laquelle le programme du Conseil national de la Résistance entendait mettre un terme en assurant « *la liberté de la presse, son honneur et son indépendance à l'égard de l'État, des puissances d'argent et des influences étrangères* ». Un peu plus de cinquante ans plus tard, des groupes comme Bouygues, Matra-Hachette, la Générale des Eaux, Havas, la Lyonnaise des Eaux sont devenus, dans les médias, les héritiers du Comité des Forges de sinistre mémoire*.

---

* Noyau dur du patronat français de l'entre-deux-guerres – période pendant laquelle la presse était notoirement vénale –, le Comité des Forges, qui contrôlait directement un certain nombre de quotidiens (dont *Le Temps* et *Le Journal des débats*), joua un rôle actif pour discréditer les gouvernements de gauche et de centre-gauche.

Avec quelles conséquences pour l'information? Le 24 juillet 1993, TF1 ouvre son journal sur le décès de Francis Bouygues et y consacre vingt-cinq minutes dithyrambiques («*magnifique patron*», «*bâtisseur infatigable*», «*carrière sans précédent*»). Édouard Balladur et Jack Lang, alors habitués des plateaux de TF1, saluent la mémoire du «*personnage hors du commun*» qui a tant contribué au «*rayonnement de notre pays*». Patrick Poivre d'Arvor et Anne Sinclair, employés de la chaîne de Bouygues, confient leur émotion. Les obsèques du très grand homme rassembleront, outre le premier ministre de l'époque, MM. Lang, Tapie, Delon et Lagardère, le président du Sénat et l'actuel président de la République.

Parlant des liens entre le pouvoir politique et France 2, Marcel Trillat, président de la Société des journalistes de cette chaîne, a expliqué : «*Les ministres viennent quand ça les arrange, pas toujours lorsque l'actualité l'impose*»[15]. Sur TF1, les seuls ministres qui comptent sont les gros clients de l'actionnaire principal. Bouygues construit la mosquée de Casablanca et l'aéroport d'Agadir : le roi du Maroc s'installe au journal télévisé de TF1. Puis le monarque enchaîne avec l'émission de Jean-Pierre Foucault, la trop bien nommée *Sacrée soirée*. Bouygues aimerait s'occuper de plates-formes off-shore en Angola : Jonas Savimbi fait irruption au journal de la "Une". Bouygues veut obtenir un contrat de forage de gaz en Côte d'Ivoire (où son groupe contrôle déjà la distribution de l'eau et de l'électricité) : le président ivoirien vient au journal de TF1. L'actualité internationale n'est pas toujours aussi malmenée qu'on le dit sur la principale chaîne européenne. Et les téléspectateurs en savent tout autant sur les grands travaux en cours : pont de l'Île-de-Ré, bâtiments prestigieux à Hongkong, pont de Normandie, grand stade de Saint-Denis. Ce dernier projet, dirigé lui aussi, l'a-t-on deviné, par la société Bouygues, a d'ailleurs déjà donné lieu à une infinité de reportages, rarement irrévérencieux. Comme par exemple celui du 6 février 1996 : *« un gigantesque chantier »*, *« une fourmilière avec ses 350 compagnons »*, *« C'est extraordinaire ! »*. Mais la société Bouygues est aussi grande amatrice de culture. Bertolucci sera donc invité à l'émission d'Anne Sinclair *7 sur 7* au moment où son film Petit *Bouddha* sort, dédié… à Francis Bouygues[16]. TF1 produit *Casino* de Martin Scorsese avec Robert de Niro et Sharon Stone pour acteurs principaux : le 25 février 1996, Sharon Stone surgit à *7 sur 7*.

Analyser les choix du journal de 20 heures et ceux d'Anne Sinclair qui, pendant dix ans, a présenté sur la chaîne de Bouygues l'émission d'actualité du dimanche soir, c'est très vite comprendre l'impression de "déjà entendu" et de "trop souvent vu" qui a dû saisir nombre de téléspectateurs (Balladur-Fabius-Sarkozy-Lang-Sarkozy-Fabius-Balladur…) : *« De décembre 1992 à mars 1995, on dénombre quatre fois plus d'invitations lancées aux balladuriens qu'aux chiraquiens pendant les deux années de campagne pour le leadership à droite* […]. *Philippe de Villiers est invité quatre fois sur le plateau du 20 heures entre 1993 et 1995. Robert Hue, jamais* […]. *Jacques Chirac ne sera invité que quatre fois* [entre la privatisation de la chaîne et 1995]. *Douze personnalités sont classées avant lui et il se retrouve à égalité avec cinq autres personnalités, dont l'abbé Pierre et Alain Minc ! »*[17].

Mais la chaîne de Bouygues – privatisée en 1987 pour qu'elle devienne plus indépendante des pouvoirs… – a parfois su traiter avec pudeur certaines affaires impliquant son principal actionnaire. Le mardi 7 novembre 1995, par exemple, le journal télévisé de TF1 a passé sous silence le fait que la justice française venait d'honorer Patrick Le Lay d'une garde à vue dans une affaire de potde-vin. Même discrétion le 19 décembre quand Patrick Poivre d'Arvor annonce (texte intégral) : « *Martin Bouygues entendu à Nanterre par les policiers de Lyon dans le cadre d'une enquête sur les comptes en Suisse de l'homme d'affaires Pierre Botton. Perquisition au siège du groupe* ». Trois jours plus tard, c'est Claire Chazal qui, avec un sens tout aussi professionnel de la concision, informe (texte intégral) : « *Sachez encore que, dans le cadre du dossier des comptes en Suisse de Pierre Botton, Martin Bouygues, le président du groupe Bouygues, a été mis en examen pour abus de biens sociaux. Et Pierre Botton est également mis en examen pour recel de biens sociaux* ». La première information avait pris dix secondes. La seconde, treize. Un an plus tôt, Claire Chazal demandait déjà sagement à Edouard Balladur : « *N'êtes-vous pas frappé, M. le premier ministre, par la chasse à l'homme à laquelle se livrent les juges ?* ».

Ce qui est vrai de Bouygues l'est autant des autres médias tombés sous la coupe d'autres industriels. S'adressant aux cadres supérieurs de Thomson-CSF qu'il cherchait alors à séduire, Jean-Luc Lagardère leur expliqua en août 1996 : « *Un groupe de presse, vous verrez c'est capital pour décrocher des commandes* » [18]. En octobre, il décroche en effet – provisoirement – le contrat de Thomson-CSA. Contre un franc symbolique et aux dépens d'Alcatel-Alsthom qui s'était dessaisi de son groupe de presse en le cédant à Havas. À défaut des cadres de Thomson, l'État, en tout cas (c'est-à-dire à l'époque le gouvernement d'Alain Juppé), avait été séduit par le propriétaire du groupe Matra-Hachette. Jean-Luc Lagardère symbolisait à merveille l'entrepreneur qui, à force d'écouter la radio dont il est propriétaire (Europe 1), en répercute sans effort la *doxa* néolibérale : « *La concurrence est féroce, le monde devient un village et les entreprises qui sont les mieux adaptées pour se battre et pour gagner sont celles qui n'ont pas à supporter le poids et la contrainte de l'État. Je n'ai jamais fait de politique et je n'en ferai jamais. Mais je tiens à dire que le courage du premier ministre* [Alain Juppé] *force mon estime et mon respect* [...]. *Certes Maastricht est critiquable. Certes les conditions du passage à l'euro le sont tout autant. Mais il faut y aller!* » [19]. Rassuré par autant d'apolitisme, l'État n'hésita pas. Il offrit Thomson à Jean-Luc Lagardère.

Mais la "vente" capota. Avec une liberté décuplée par le fait qu'il s'exprimait dans *Paris Match,* propriété du groupe Hachette, le journaliste Stéphane Denis s'indigna : « *Il serait paradoxal qu'une privatisation réussie soit considérée comme une opération douteuse pour la seule raison qu'elle repose sur les épaules d'un homme dynamique et d'une entreprise qui gagne* ». L'essayiste-philosophe-réalisateur-éditorialiste Bernard-Henri Lévy, également conseiller littéraire chez Grasset, filiale du groupe Hachette, fit chorus, mais en précisant d'emblée : « *Jean-Luc Lagardère est un ami et je n'ai, soyons clair, pas de compétence particulière pour juger du bien-fondé de la cession de Thomson à tel ou tel* ». L'absence de « *compétence particulière* » n'ayant jamais interdit, soyons clair, à un nouveau philosophe de donner son avis, Bernard-Henri Lévy vit dans la mise en examen de son « *ami* » (par ailleurs co-producteur de son futur film) une « *surchauffe hystérique* », la preuve de l'« *absurdité d'un climat* ». Assez sombrement, il conclut : « *Je ne m'inquiète pas pour Lagardère que j'ai vu triompher d'adversités plus redoutables. Mais je m'interroge sur ce jeu de massacre dont on voit, chaque semaine ou presque, paraître une nouvelle cible. L'affaire Lagardère comme un symptôme. La "destruction des élites" continue* » [20].

En mai 1994, M. Pierre Guichet, président-directeur d'Alcatel-CIT fut mis en examen pour escroquerie, puis incarcéré. Jean-Claude Casanova, éditorialiste à *L'Express,* hebdomadaire contrôlé à l'époque par la Générale Occidentale – alors filiale à 100 % d'Alcatel – critiqua aussitôt cette détention, sans doute inquiet lui aussi de la « destruction des élites » : « *Mettre quelqu'un en prison, et en particulier quelqu'un de célèbre, c'est infliger une sanction dont il n'est pas prouvé qu'elle est justifiée* » [21]. Quelques semaines plus tard, *L'Express* mit pareillement en cause la garde à vue infligée pendant « *plus de douze heures* » à Pierre Suard, alors PDG d'Alcatel-Alsthom : « *Le juge aurait-il agi un peu vite ? Une certitude : la mise en examen de Pierre Suard risque de nuire à la réputation internationale du groupe* » [22]. Quand Pierre Suard fut inculpé pour de bon, Sylvie Pierre-Brossolette, alors journaliste à *L'Express,* dénonça à la télévision la sévérité de la sanction : « *Il y a en France des cris d'orfraie dès que quelqu'un gagne un zéro à côté d'un zéro* ». Ayant utilement rappelé l'éternelle jalousie des pauvres, elle s'en prit ensuite aux juges, trouvant leur « *attitude tout à fait étonnante. Ils se permettent d'attaquer ministres et patrons sur le même mode* [...]. *C'est la première fois qu'on empêche un dirigeant d'entreprise de diriger son entreprise !* » [23]. Ni elle, ni Michèle Cotta, la présentatrice de l'émission, ne jugèrent nécessaire d'alerter les téléspectateurs de France 2 sur les liens qui existaient à l'époque entre Alcatel et *L'Express**. Et – est-ce une coïncidence ? – depuis quelques années les journalistes de marché s'in-

---

* Les journalistes américains se font en général un devoir d'informer leurs lecteurs ou leurs auditeurs de l'existence possible d'un conflit (ou d'une collusion) d'intérêts entre leur propriétaire et l'information qu'ils relatent. Ainsi, ABC (qui appartient au groupe Disney) ou NBC (qui appartient à General Electric) le rappelleront presque chaque fois qu'ils traiteront d'une information intéressant directement leur principal actionnaire : « Disney, qui est le propriétaire de cette chaîne, ... ».

quiètent beaucoup du devenir de notre justice, oublieuse des égards qu'elle doit aux gens "célèbres", qui «*gagnent un zéro à côté d'un zéro*» et sur qui repose «*la réputation internationale*» de nos industries.

La Générale Occidentale contrôlait en 1994 plus de 50 % du marché français des hebdomadaires généralistes. Et la société mère, Alcatel, comptait au nombre des entreprises qui sollicitaient d'importants marchés publics. Comment penser qu'une telle position pût être sans conséquences sur le traitement de l'information, qu'il s'agisse de l'analyse des privatisations ou du regard porté sur la politique gouvernementale? En septembre 1994, au moment où Bouygues, Alcatel et la Lyonnaise des Eaux se battaient pour décrocher le troisième réseau du radio-téléphone, un quotidien aussi peu porté à la contestation du système économique que le *Wall Street Journal* relevait l'existence en France d'«*un circuit virtuellement fermé dans lequel le clientélisme politique et l'influence médiatique peuvent compter autant que la stratégie industrielle et le savoir-faire technologique*» [24].

Bouygues l'emporta quelques jours seulement après s'être déjà vu attribuer le contrat du grand stade olympique de Saint-Denis, pour une valeur de 2 milliards de francs. Dans la perspective d'une élection présidentielle, TF1 pesait alors beaucoup plus lourd. Au demeurant, le candidat Balladur avait veillé à ne pas mécontenter trop longtemps les rivaux malheureux de la société Bouygues : la Lyonnaise des Eaux prendrait en mains une partie des réseaux de télévision câblée de la Caisse des Dépôts; Alcatel gérerait la téléphonie cellulaire. Bien naïf celui qui imagine que la presse est un secteur où on ne peut que perdre de l'argent...

Déjà pris dans l'étau entre l'intérêt du propriétaire et celui de l'information, le journaliste se débat dans une contradiction plus désagréable encore quand ce sont des hommes politiques qui la lui rappellent. Bernard Brigouleix, conseiller de presse d'Edouard Balladur entre 1993 et 1995, évoque ainsi « *cette remarque acide faite par le premier ministre lui-même à une journaliste très confirmée du* Point, *Catherine Pégard, à propos de la couverture de son déplacement en Chine par l'hebdomadaire, couverture estimée beaucoup trop critique :* "*Vous comprendrez que j'aie fait valoir à votre principal actionnaire* [à l'époque, Pierre Suard, patron d'Alcatel] *que ce n'était vraiment pas la peine d'aller lui décrocher de gros contrats à Pékin si c'était pour lire de tels papiers sur mon voyage dans vos colonnes* » [25]. Et comment n'eût-elle pas compris ? Edouard Balladur connaissait d'autant mieux Pierre Suard que, ministre des Finances dans le gouvernement Chirac entre 1986 et 1988, il avait lui-même organisé la privatisation d'Alcatel-Alsthom. Puis, redevenu un temps député de l'opposition, il dirigea – avec une rémunération idoine – une filiale de cette entreprise.

En 1995, Havas a pris la place d'Alcatel. Au portefeuille médiatique gigantesque que contrôlait Alcatel, Havas, qui détenait déjà Canal Plus, a vite ajouté une participation à RTL, la radio française la plus écoutée. Enfin, la Générale des Eaux a pris le contrôle d'Havas. Présidé par Pierre Dauzier, le conseil d'administration d'Havas est un peu le comité central du contre-pouvoir*. Est-ce pour autant une pépinière de dissidents ?

---

* Via sa filiale CEP Communication, premier éditeur français, Havas contrôle : *01 Informatique, Courrier International, L'Entreprise, L'expansion, l'Express, La France Agricole, GaultMillau, La Gazette des Communes, Lire, Maison Française, Le Moniteur du BTP, L'Ordinateur Individuel, La Vie Française, L'Usine Nouvelle, Windows Plus.* 10/18, Belfond, Bordas, Armand Colin, Dalloz, Dunod, Gauthier-Villars, Harrap, Robert Laffont, Larousse, Masson, Nathan, Perrin, Plon, Pocket, Presses de la Cité, Retz, Le Robert, Solar...

En avril 1997, y siégeaient : Claude Bebear (UAP), Guy Dejouany (Générale des Eaux), Lucien Douroux (Crédit Agricole), Albert Frère (Bruxelles-Lambert), Jean-Pierre Albron (Alcatel-Alsthom), Guillaume Hannezo (Générale des Eaux), Jean-Marie Messier (Générale des Eaux), René Thomas (BNP), Marc Vienot (Société Générale), Pierre Lescure (Canal Plus) [26]. L'a-t-on compris, les administrateurs sont souvent les patrons des sociétés citées, qu'on aurait tort de confondre avec des PME.

Quel journaliste n'a pas, au moins une fois, découvert en lisant un organe de presse concurrent ce qui se tramait dans son journal ? Le choc est rude. Mais puisque nous vivons l'ère des restructurations accélérées, des délocalisations et de la mondialisation, le fantassin de la "société de l'information" n'a aucune raison de penser qu'il devrait être traité avec davantage de ménagements que le salarié de Daewoo ou celui d'Electrolux. Désormais à la merci de personnalités aussi tendres que Claude Bebear – un proche d'Alain Madelin qui adore se faire photographier assis sur une peau de tigre – le journaliste apprend à vivre dans un univers carnassier. Plus souvent gibier que chasseur.

Quant à informer les autres de sa dépendance et de son sort... En 1996, après avoir déplu en très haut lieu*, Christine Ockrent fut remplacée par Denis Jeambar à la direction de la rédaction de *L'Express*, hebdomadaire contrôlé par Havas. Dans cette affaire, le lecteur

---

* Peu après la reprise des essais nucléaires *L'Express* avait, *« pour maintenir au plus haut les ventes du journal »* (Christine Ockrent), publié en "une" les propos que, selon Jacques Attali – qui s'est fait une spécialité de privatiser à son compte exclusif les informations obtenues dans le cadre de ses fonctions publiques –, François Mitterrand aurait tenus sur son successeur : *« Si Chirac devient président, il sera très vite la risée du monde entier »* (*L'Express*, 5 octobre 1995).

fut traité un peu à la manière des kremlinologues de l'ex-Union soviétique. Une purge secrète devait avoir eu lieu puisque, soudain, l'éditorial de la directrice avait disparu, chose qu'un abonné exceptionnellement vigilant eût pu remarquer. Mais, la semaine de cette disparition, Christine Ockrent figurait encore dans l'"ours" du journal (l'encadré où sont indiqués les noms des responsables de la publication). C'est dans le numéro suivant, le 2335, qu'on apprit, toujours par l'"ours", que désormais le directeur de la rédaction se nommerait Denis Jeambar. Or si l'hebdomadaire du groupe Havas se montra discret, ce n'était nullement faute de rubrique réservée à l'information sur l'information. *L'Express* dispose en effet depuis longtemps de "Pages rouges" consacrées aux médias. Au moment de la mini-purge, elles évoquaient des rumeurs de changement, mais à Radio Monte-Carlo... Reprocher aux autres leur goût du secret n'implique pas qu'on se soumettra soi-même à l'obligation de "transparence".

Au fond, rien de très nouveau. Les journalistes ont presque toujours été corsetés dans un costume de contraintes. Au siècle dernier, la liberté de la presse appartenait déjà à ceux qui en possédaient une ; pour les autres, c'était « silence aux pauvres ! ». Pourquoi alors le professionnel de l'information s'est-il soudain mis en tête de jouer les maîtres du monde, oubliant qu'il devait plus souvent sa notoriété à la visibilité qu'on lui offre qu'aux talents qu'il cultive ? Comment a-t-il pu imaginer qu'un industriel allait acheter un moyen d'influence tout en s'interdisant de peser sur son orientation ? Or rien n'empêchait d'apprendre que ces propriétaires-là sont rarement des militants de gauche. Pierre Suard et Patrick Le Lay ont soutenu Alain Madelin ; Rupert Murdoch, Margaret Thatcher et Newt Gingrich ; Conrad Black, les conservateurs canadiens et M. Nétanyahou ; Silvio

Berlusconi, Berlusconi ! Dans une monographie du *New York Times,* Edwin Diamond explique que la situation n'est guère différente au pays du "contre-pouvoir" : « *Les journalistes croient à tort que la décision leur appartient. Mais c'est le journal de la famille Sulzberger et elle en fait ce qu'elle veut sans organiser de concours de popularité ni collecter de bulletins de vote* ». Et Arthur Ochs ("Punch") Sulzberger confirma : « *Si je suis chez moi le soir et que je découvre que quelque chose qui ne me plaît pas va paraître dans la première édition du lendemain, je n'ai aucune hésitation à appeler le desk et à leur dire : "Retirez moi ça"* » [27].

En France, l'histoire de *L'Express* fournit un assez joli archétype. D'abord propriété de Jean-Jacques Servan-Schreiber, le journal se met au service de son Mouvement réformateur. Lorsque Servan Schreiber vend son périodique à Jimmy Goldsmith, l'hebdomadaire devient presque aussitôt la caisse de résonance des idées alors thatchériennes de l'industriel britannique. Et quand, dans ses Mémoires, il évoque sa démission de *L'Express* en 1981, Jean-François Revel s'empresse de préciser qu'elle ne fut pas motivée par une quelconque incompatibilité idéologique entre le directeur de la rédaction et le propriétaire (« *J'assurais une fois de plus à Jimmy que j'avais bien pour intention de mettre* L'Express *au service de la société libérale et du monde démocratique* »). Le désaccord qui provoqua la rupture était d'une autre nature : Revel aurait simplement refusé de bouleverser le sommaire du journal au gré des illuminations transatlantiques de son propriétaire. Revel parti, son successeur eut, semble-t-il, moins de scrupules : « *Il fit enfin place à une juste et accueillante reconnaissance des dons de penseur de l'actionnaire principal* » [28]. Et, en effet, l'hebdomadaire de Jimmy Goldsmith consacra un jour sa une et l'essentiel de son numéro au « *programme libéral* » concocté pour la France par...

Jimmy Goldsmith[29]. Plus tard, on le sait, il y eut Alcatel. Puis Havas. Puis qui?

3

Journalisme de marché

Révérence face au pouvoir, prudence devant l'argent : assurément, cette double dépendance de la presse française crée déjà les conditions d'un pluralisme rabougri. Mais on ne peut pas s'en tenir là. Tout un appareillage idéologique conforte la domination de ceux qui déjà détiennent autorité et richesse. La somme des sujets tenus à distance et des non-sujets matraqués en permanence étend le royaume de la pensée conforme.

Quand les journalistes se plagient *, quand ils semblent se contenter de répéter la même dépêche d'agence ou la même nouvelle parue dans un journal "de référence", ce peut être, c'est souvent, par paresse, par manque de compétences ou de culture, par absence de temps alloué au bon exercice de leur métier [30]. La volonté de manipu-

---

* Avertissement au lecteur : le plagiat, qui constitue une forme de vol intellectuel, n'est presque jamais sanctionné par la profession. Pis, des auteurs déjà convaincus d'avoir eu recours à ce procédé continuent de bénéficier des faveurs médiatiques. En France, la technique la plus courante consiste à piller l'article d'un confrère, son analyse et ses données, tout en le citant une seule fois, en général sur un point tout à fait accessoire. Quand il est confronté à l'évidence de sa rapine, le malfaiteur pris en flagrant délit a même parfois l'audace de répliquer : « Vous avez vu que je vous ai rendu hommage »... Dans la presse américaine, une pratique de ce type entraîne le discrédit professionnel du coupable ; dans les universités, l'exclusion définitive de l'étudiant ou du professeur.

ler n'est pas toujours l'explication d'une désinformation.

Le 17 octobre 1995, par exemple, un attentat a lieu à Paris dans le RER. LCI, la chaîne câblée d'information continue appartenant au groupe Bouygues, fait aussitôt appel à un « *spécialiste de l'islamisme* ». Et, dans le verbiage désordonné de ces moments de fièvre où l'antenne est occupée par une nouvelle tellement répétée qu'elle en devient exsangue, la question fuse : « *Est-ce que vous n'avez pas l'impression d'une fracture de plus en plus grave entre les Français et les musulmans qui vivent dans notre pays ?* ». Vocabulaire passe-partout de la « fracture », distinction implicite entre les Français et les musulmans, association automatique entre les musulmans et l'islamisme : rien de tout cela n'était malveillant. Mais la maladresse de la question ne pouvait que consolider une structure mentale dont elle était elle-même le produit.

Le 11 septembre 1996 sur Europe 1, un flash : « *Saddam Hussein continue de narguer les Américains. Un missile irakien a été tiré contre un chasseur américain* ». Là encore, le professionnel de l'information pensait faire honnêtement son travail et il eût assurément jugé biaisée cette autre formulation : « L'Irak a voulu abattre un avion de Bill Clinton qui cherchait à bombarder son territoire ». Le lendemain, le journaliste d'Europe 1 devait d'ailleurs se sentir conforté dans son choix ; sur toute la largeur de la page 3, *Le Figaro* titrait : « *Saddam Hussein brave les États-Unis* ». « Nargue », « brave » et personnalisation de l'offense : il s'agissait pourtant d'avions américains bombardant le territoire irakien... Au tamis du manichéisme, l'information internationale passe mal. Et, sans cette écriture automatique, intellectuellement peu exigeante, elle prend trop de temps. Les radios privées l'ont compris : RTL ne compte que quatre correspondants permanents à l'extérieur de l'Europe. Dont zéro en Afrique, zéro en Asie et zéro en Amérique latine [31].

L'oubli du monde est idéologie puisqu'il construit un autre monde. Le *« fait divers qui fait diversion »* [32] est idéologie puisqu'il attire l'attention sur l'anodin, la détournant du reste. Et l'audimat est idéologie. Marcel Trillat et Yannick Letranchant ont expliqué que, grâce à une enquête d'audience minute par minute, la direction de l'information de France 2 sait ainsi ce qui a marché et ce qu'il faut éviter. Mais au jeu du spectacle, le résultat est connu d'avance : *« Notre public devra se contenter, le plus souvent, de pensée prêt-à-porter, d' "images dramatiques", de la langue de bois des têtes d'affiche de la politique et de l'économie. De vedettes du showbiz ou du cinéma venues assurer la promotion de leur dernier chef-d'œuvre en direct à 20 heures... sans parler du record du plus gros chou-fleur de Carpentras ou des vaches envoûtées dans une étable des Hautes-Pyrénées. Au nom de la concurrence, chacun court pour copier l'autre »* [33].

Et puis il y a l'idéologie bien consciente. L'expression « pensée unique » a fait florès. Mais elle perd nombre de ses parrains supposés chaque fois qu'on la définit avec précision [34]. Pensée molle ou pensée dure, jamais pensée forte ou généreuse, elle est d'autant plus pesante que, comme les pires orthodoxies, elle ne se prétend pas doctrine. A l'instar des lois physiques, climatiques et biologiques *,

---

* Deux exemples, le premier climatique *« Je ne sais pas si les marchés pensent juste, mais je sais qu'on ne peut pas penser contre les marchés. Je suis comme un paysan qui n'aime pas la grêle mais qui vit avec […]. Il faut le savoir, et partir de là : agir comme s'il s'agissait d'un phénomène météorologique »* (Alain Minc, Le Débat, mai 1995), le second biologique . *« Après Jeanne Calment (122 ans), Apple (21 ans) .... Les entreprises meurent aussi […]. L'accélération du progrès technique et l'exacerbation de la concurrence ont, partout, modifié d'une manière radicale les conditions de vie des firmes. Indispensable certes, la lutte de chacune d'elles pour la survie ne doit pas cependant conduire à un recours systématique à des méthodes artificielles. La mort peut être, parfois, préférable »* (Editorial, Le Monde, 8 août 1997).

elle se proclame vérité. Le «cercle de la raison» de ses épigones, fréquenté assidûment par les journalistes, traite les réfractaires comme des retardés ou des illuminés. C'est-à-dire avec à peine plus d'urbanité que des infirmiers d'asile. La «science» exige une foi d'autant plus militante qu'en France et à l'étranger elle construit «le meilleur des mondes». Et est partagée par tous les maîtres du monde.

La pensée unique n'est pas neutre, elle n'est pas changeante et il n'y en a pas deux comme elle. Elle traduit «*en termes idéologiques à prétention universelle les intérêts du capital international*»[35], de ceux qu'on appelle «les marchés», c'est-à-dire les gros brasseurs de fonds. Elle a sa source dans les institutions économiques internationales qui usent et abusent du crédit et de la réputation d'impartialité qu'on leur attribue : Banque mondiale, FMI, OCDE, GATT puis OMC, Banque de France. Elle prétend soumettre les élus à ses Tables de la Loi, à « la seule politique possible». Celle qui serait «incontournable», celle qui a l'aval des riches. Elle rêve d'un débat démocratique privé de sens puisqu'il n'arbitrerait plus entre les deux termes d'une alternative. Céder à cette pensée, c'est accepter que la rentabilité prenne partout le pas sur l'utilité sociale, c'est encourager le mépris du politique et le règne de l'argent.

Sans qu'ils s'en aperçoivent toujours eux-mêmes, nos barons du journalisme dévoilent cette tentation chaque jour. Franz-Olivier Giesbert, directeur de la rédaction du *Figaro* interpelle M. Chirac : « *Si la France en est là, n'est-ce pas à cause de ses rigidités et, notamment, de la barrière du salaire minimum qui bloque l'embauche des jeunes ou des immigrés?* ». Philippe Manière, l'un des rédacteurs en chef du *Point* répète la marotte de M. Giesbert et du patronat : une revalorisation du salaire minimum représenterait un « *coup de pouce assassin*». D'ailleurs, « *l'inégalité des revenus, dans une certaine mesure, est un facteur de*

l'enrichissement des plus pauvres et du progrès social »[36].
Les athlètes nationaux obtiennent-ils de mauvais résultats aux Jeux olympiques d'hiver? Olivier Mazerolle, directeur de l'information de RTL, suggère une explication inattendue : « *Les Français ne sont pas sportifs parce que nous avons l'habitude de l'État-providence* »[37].

Recevant Dominique Strauss-Kahn, le présentateur du journal télévisé de TF1, Jean-Claude Narcy, le sermonne : « *Réduire le temps de travail est une chose. Encore faut-il que les travailleurs acceptent de baisser leurs salaires. Comment espérez-vous les en persuader?* »[38]. Façonné malgré lui par le carcan néolibéral ambiant, le téléspectateur jugea vraisemblablement qu'il s'agissait là d'une question de bon sens. Et puis, peut-être, il imagina : et si le journaliste avait choisi de formuler comme ceci la fin de sa demande : « *Encore faut-il que les détenteurs de revenus du capital acceptent de rogner sur leurs rentes qui, toutes les études le démontrent, ont fortement progressé depuis quinze ans. Comment espérez-vous les en persuader?* ». Le temps d'un rêve, Dominique Strauss-Kahn eût été désarçonné, l'économie serait redevenue pluraliste, et TF1 aurait cessé d'être la chaîne de M. Bouygues.

Culture d'entreprise, sérénade des grands équilibres, amour de la mondialisation, passion du franc fort, prolifération des chroniques boursières, réquisitoire contre les conquêtes sociales, acharnement à culpabiliser les salariés au nom des "exclus", terreur des passions collectives : cette pensée unique, cette gamme patronale, mille institutions, organismes et commissions la martèlent. Mais rarement sans doute, les médias, qu'ils soient de droite ou qu'ils se disent de gauche, lui auront autant servi de ventriloque, d'orchestre symphonique au diapason des marchés qui scandent nos existences dans un monde sans sommeil et sans frontières. Sur TF1, les accords du GATT qui libéralisent les échanges pour le plus grand profit des sociétés multinationales, ont été perçus comme le signe d'« *une victoire de l'esprit jeune sur l'esprit vieux, du culte de l'avenir sur la religion du passé* ». Sur France 2, Catherine Nay, également directrice adjointe d'Europe 1 et éditorialiste à *Valeurs Actuelles* et au *Figaro Magazine*, expliqua la crise économique par une « *extinction du désir de consommer* » : « *J'étais dans un dîner : chacun a restreint sa façon de consommer et on s'aperçoit qu'on vit très bien* [...]. [On peut] *garder sa voiture deux ans de plus, user sa robe un an de plus* » [39].

Aux certitudes économiques glanées au fil des dîners – d'autant plus catégoriques qu'un éditorialiste français, pour être vraiment grand, ne doit jamais s'abaisser à enquêter sur la misère du monde et à écouter le discours des dominés [40] – le directeur du *Point* préfère, chaque semaine, rabâcher les imprécations du capitalisme réellement existant et de ses algèbres mortes : « *Voilà vingt ans qu'avec la simple expertise du sens commun, nous crions casse-cou devant cette surcharge fiscale et paperassière, cette défonce des prélèvements obligatoires, ce panier percé de la sécurité sociale qui allait nous mettre des bottes de plomb alors qu'on voyait pointer, et d'abord en Asie, tant de compétiteurs aux pieds légers* » [41].

Parfois, la marque de fabrique est sans équivoque. Chroniqueur au *Figaro Magazine* et sur La Chaîne Info (LCI), directeur du « Service France » de TF1, Jean-Marc Sylvestre vient aussi chaque matin épandre sur France Inter la dernière rosée de l'idéologie patronale . Il avoue à l'antenne : « *Ma grille de lecture n'est pas keynésienne : elle est plutôt monétariste* ». Mais un auditeur l'interpelle : « *Pourquoi dire d'une entreprise qu'elle est la meilleure uniquement parce qu'elle vend moins cher ? "Meilleur" implique aussi des considérations sociales* ».

M. Sylvestre réplique : « *Il n'y a pas de progrès social sans progrès économique* ». L'auditeur insiste : « *Y a-t-il progrès économique s'il y a recul social ?* » M. Sylvestre répète, un peu agacé : « *Il n'y a pas de progrès social sans progrès économique* » [42]. Échange éclairant : le chroniqueur économique le plus omniprésent de France venait de célébrer l'économisme obtus qui régit la profession. Et qui quadrille les ondes.

Le journalisme de marché domine à ce point les médias français qu'il est très facile – pour le lecteur, pour l'auditeur, et pour le journaliste – de passer d'un titre, d'une station ou d'une chaîne à l'autre. Dans la presse hebdomadaire, cette ressemblance assomme : les couvertures, suppléments et articles sont devenus interchangeables ; ce sont souvent les conditions d'abonnement – pour parler clair, la valeur du produit ménager offert avec le journal * – qui déterminent le choix du client. Pourtant, il y a un peu plus de quatre ans, Guy Sitbon écrivait : « *Prenez* Le Figaro*, démontez-le pièce à pièce, essayez ensuite de le remonter de mille manières différentes, vous n'obtiendrez jamais un* Nouvel Observateur » [43]. Guy Sitbon oubliait ceci : juste avant de devenir directeur de la rédaction du *Figaro*, Franz-Olivier Giesbert était... directeur de la rédaction du *Nouvel Observateur*.

En ont-ils trop fait ? Si la mise à nu du journalisme de classe et la perception de sa nature totalitaire aveuglent désormais une partie de l'opinion, c'est sans doute que les dernières années ont déchiré un voile de plus en plus

---

* Pour 295 francs, *Le Nouvel Observateur* a proposé un téléphone électronique (ou une mini-chaîne stéréo), une radio FM (ou une parure de stylo-bille-plume), et... 23 numéros. Pour 490 francs, *L'Express* a offert un répondeur-enregistreur interrogeable à distance (ou un radio-réveil lampe halogène), un stylo-plume personnalisé et... 30 numéros.

vaporeux. Guerre du Golfe, traité de Maastricht, accords du GATT : sur tous ces sujets qui exigeaient une vraie confrontation des points de vue et qui engageaient l'avenir du pays, la quasi totalité des quotidiens, des hebdomadaires, des radios, des télévisions, ont, chaque fois, battu le même tambour avec les mêmes arguments. Au service de la guerre, au service de l'argent, au service du commerce.

Il y a quatre ans, plutôt fier, l'actuel directeur de la rédaction de *Libération,* Laurent Joffrin, confiait que le quotidien créé par Jean-Paul Sartre avait atteint un objectif que son fondateur n'eût peut-être pas recherché : « *On a été les instruments de la victoire du capitalisme dans la gauche* » [44]. Tant de talent éblouit... Mais l'un des charmes de la profession est aussi d'être sans cesse égayée par des Artabans qui se prennent pour Prométhée : « *Ce qu'on a fait dans le journal télévisé* [de TF1] *contribue à faire bouger les événements,* confia un jour Patrick Poivre d'Arvor ; *pour la Somalie, grâce à Kouchner, notre travail a abouti à l'opération "sac de riz" et la famine a disparu* » [45]. On mesure aussitôt le gâchis : tout ce pouvoir pour se consacrer en priorité au décès de Lady Di ! Les seconds couteaux de la politique n'oublient cependant jamais de flatter l'immense vanité des stars de l'information, espérant ainsi multiplier leurs chances d'exister, au moins médiatiquement. En janvier 1994, évoquant le sort de la Bosnie, le très talentueux François Léotard, alors ministre de la Défense, trancha sans hésiter : « *C'est vous, Messieurs les journalistes, qui sauverez Sarajevo avec vos excellentes émissions* ».

Pour comprendre les ressorts du journalisme de marché, il suffit de partir de la définition qu'un journaliste américain fit de l'« *économiquement correct* » de ses confrères : « *L'économie globale est un mécanisme très coûteux et très délicat qui exige la participation des investisseurs à la place des citoyens* » [46]. Mieux vaut alors s'occuper d'autre chose. A la fois parce qu'ils n'ont guère de compétences économiques et que la relégation hors champ d'un sujet comme le partage des revenus correspond exactement à leurs intérêts de caste, les grands éditorialistes rêvent d'un affrontement politique circonscrit aux sempiternelles «questions de société», dont la maîtrise approximative n'exige aucun travail régulier : valeurs, violence, famille, télévision, racisme, jeunesse, naturellement chaque fois dépouillées de leur contexte social. Si on ajoute à cela l'industrie increvable des échos de boutique (RPR contre UDF) et des perfidies exclusives (Fabius contre Jospin), on concevra qu'une telle pitance n'informe pas beaucoup sur la marche du monde. Mais elle suffit à nourrir les billets de nos illustres commentateurs. Les marchés ne se chargent-ils pas du reste ?

Encore faut-il que les hommes politiques consentent à ce simulacre démocratique, cette nouvelle doctrine de la souveraineté limitée, et acceptent de réserver leurs affrontements aux questions accessoires. Au moment de l'élection présidentielle, Alain Minc, auteur d'un rapport de prospective commandé par le gouvernement Balladur – et cosigné par une partie appréciable de l'intelligentsia * – avait cru toucher la terre promise : « *Je me plaisais à imaginer ce qu'aurait été la campagne si elle avait opposé Jacques Delors à Edouard Balladur. Je crois qu'on aurait évité cette extraordinaire pulsion démagogique qui a saisi la société française et qui voit les hommes politiques arroser les revendications comme on arrose des pots de fleurs. Finalement c'est*

---

* Commissariat général au Plan, *La France de l'an 2000*, O. Jacob, Paris 1994. La commission « Les défis économiques et sociaux de l'an 2000 » comptait pour membres Claude Bebear, Jean Boissonnat, Michel Bon, Luc Ferry, Jean-Paul Fitoussi, Edgar Morin, René Rémond, Pierre Rosanvallon, Louis Schweitzer, Raymond Soubie, Alain Touraine etc.

drôle la vie d'un pays : on était à un millimètre d'une campagne de pays très développé, très sophistiqué, entre le centre-droit et le centre-gauche, à l'allemande, et on a une campagne beaucoup plus marquée par le vieux tropisme français du rêve, de l'illusion et du sentiment que la politique domine tout » [47]. Puis, précisant les termes de ce que la revue *Le Débat* venait, sans rire, de qualifier de « pensée Alain Minc », le penseur-anthropologue ajouta : *« Mais nous sommes les seuls au monde à raisonner de la sorte ! Ou plutôt seuls les peuples latins réagissent de la sorte. Vous* [Marcel Gauchet] *devez savoir mieux que moi comment la catholicité conduit à l'irrationalité »* [48].

Toujours en 1995, en vertu du vieil adage « Qui ne risque rien n'a rien », Ivan Levaï, alors directeur de l'information de Radio France, se préposa à la fonction de porte-parole de l'électorat flottant. Pour y parvenir, il emprunta aussitôt à la « pensée Alain Minc » en voie de constitution : *« Je voudrais exprimer un regret qui rejoint peut-être celui des indécis. Lorsque MM. Balladur et Chirac ont gagné les élections législatives ensemble, en 1993, on a envisagé les candidatures de Rocard, Fabius, Delors, Barre et Giscard. Moi je regrette l'absence de ces cinq là »* [49]. Chacun appréciera ici la diversité idéologique des choix du directeur de l'information de la radio publique. Après tout, « ces cinq là » n'avaient-ils pas, peu ou prou, orienté la politique économique de la France dans la même direction néolibérale ? N'avaient-ils pas tous approuvé le marché unique, la guerre du Golfe et le traité de Maastricht ? Et, quand on lui confia la direction de *L'Express,* Christine Ockrent eut, elle aussi, une illumination révélatrice du pluralisme à la française : *« renouveler le cercle des éditorialistes en convainquant Valéry Giscard d'Estaing et Michel Rocard d'en faire désormais partie »* [50]. Hélas, son effort de conviction fut payant.

En 1997, autres élections. Recevant dans son émission *Décideurs* un décideur quelconque, Jean-Marc Sylvestre ne masque pas son dépit : « *Comment expliquez-vous qu'en France l'économie soit encore chahutée par le débat public et par les militants d'un parti ou d'un autre? [...]. Que l'économie soit utilisée par les partisans de telle ou telle thèse politique?* »[51]. Dans une société aussi apaisée que la nôtre, ce « *chahut* » demeure en effet inexplicable. D'autant que, selon Jean-Pierre Pernaut, journaliste à TF1, même de farouches adversaires savent se retrouver sur l'essentiel : « *Ce qui m'a le plus frappé, ce fut le face-à-face Arlette Laguiller, Paul-Loup Sulitzer. A priori, ce sont deux personnages qui entretiennent avec l'argent des rapports complètement différents. Eh bien! tous les deux se sont mis d'accord pour dire que c'était pour leur voiture qu'ils dépensaient le plus par semaine. L'une pour sa R5, l'autre pour sa Rolls-Royce. À la fin de l'émission, ils étaient presque devenus copains!* »[52]. Comprenons bien : il n'y avait dans ce propos pas la moindre pointe d'humour.

Paul Nizan le disait déjà il y a plus de soixante ans : «*M. Michelin doit faire croire qu'il ne fabrique des pneus que pour donner du travail à des ouvriers qui mourraient sans lui.* »[53]. Depuis, ce qui a surtout changé, c'est que les journalistes parlent comme M. Michelin. La colonisation idéologique des rubriques économiques par les thuriféraires de l'ordre social est cependant loin d'avoir déclenché autant d'investigations que les accointances supposées de tel ou tel commentateur avec telle ou telle fraction de tel ou tel appareil politique. Or peu importe après tout que MM. Sylvestre, Sassier, Garibal, Gaillard, Manière, Beytout, Briançon ou Izraelewicz soient balladuriens, chiraquiens, madelinistes ou strauss-kahniens si, à travers leurs commentaires, TF1, France 2, France Inter, France Info, Europe 1, RTL, *Libération* ou *Le*

Monde ressemblent tous un peu à des *« porteurs d'eau chargés d'assurer le confort des champions qui font la course en tête »* [54].

Pourtant, que d'obstination dans l'erreur... Il y a un peu plus de quinze ans, on nous serinait que plus de profit, ce serait plus d'investissements et plus d'emplois ; pour impressionner le chaland, on donna même à cette découverte – providentielle pour le patronat – le nom de « théorème de Schmidt ». Aujourd'hui, la Bourse flambe dès qu'une entreprise annonce un plan de licenciements (Renault, Moulinex, Electrolux) et, tandis que la répartition de la richesse nationale n'a cessé de favoriser les détenteurs du capital, le chômage a plus que doublé *.

Il y a un peu plus de dix ans, on nous expliquait que le monde étant devenu *« un village »*, plus d'exportations déboucheraient à la fois sur de meilleures finances et sur plus d'emplois. La nouvelle invention fut popularisée sous le nom de « théorème d'Albert ». Aujourd'hui, alors que la balance commerciale de la France ne cesse de battre ses records d'excédent, nos finances seraient aussi *« calamiteuses »* que notre situation sociale. Exporter exige des salaires « compétitifs » ? Mais l'Allemagne, premier pays exportateur du monde par habitant, offre à ses ouvriers les rémunérations parmi les plus élevées de la planète.

---

* En quinze ans, la part des salaires dans le produit intérieur brut français est passée de 68,8 % à 59,9 %. Pour la première fois depuis des décennies, les entreprises ont acquis une capacité excédentaire de financement (134,7 milliards de francs en 1996). En 1990, ce solde était encore *négatif* de 149,2 milliards de francs. Dominique Strauss-Kahn, ministre de l'Économie et des Finances, estime désormais qu'une part du chômage français *« trouve sa source dans un partage de la valeur ajoutée trop défavorable aux salariés pour que les entreprises puissent bénéficier d'une croissance dynamique »* (Conférence de presse du 21 juillet 1997).

Plus récemment, on nous apprit que Keynes étant bien mort, une relance de l'économie n'affecterait jamais le niveau du chômage en deçà d'un « *taux incompressible* » estimé entre 6 % et 8 % de la population active, à moins de provoquer un déchaînement de l'inflation, c'est-à-dire l'euthanasie des rentiers. Aujourd'hui, les mêmes « experts » se pâment devant le « modèle américain » : croissance soutenue, chômage (officiel) de 5 %, et presque pas d'inflation.

Mille chroniques ont établi le lien d'airain entre Bourse, profits et économie. Aujourd'hui, la croissance de la Bourse est plus rapide que celle des profits, et celle des profits plus rapide que celle de l'économie. Via Arthur Laffer, puis Alain Madelin, puis Jacques Attali, puis François Mitterrand, vite suivis par l'imposante confrérie des journalistes néolibéraux, on nous a garanti qu'une baisse de la fiscalité de l'épargne provoquerait une telle flambée d'investissements, que la reprise immédiate de l'activité rétablirait aussitôt les comptes compromis de l'État. Et aujourd'hui, blanchis sous le harnais de leurs erreurs accumulées, imperturbables, les mêmes chroniqueurs continuent à nous expliquer la marche du monde.

Analysant l'idéologie économique de TF1, Pierre Péan et Christophe Nick écrivent : « *Un reportage social, ce sont les écoles de commerce, l'économie, c'est la Bourse, les finances, un placement en SICAV [...]. S'il y a des problèmes d'emploi, c'est parce que c'est dur pour un patron d'embaucher. Le monde de l'entreprise n'est pas celui des salariés, c'est d'abord le portrait d'entrepreneurs dont il faut valider les efforts, car ce sont eux qui vont relancer l'investissement* » [55]. Le résumé symbolise trop bien notre conditionnement quotidien pour ne s'appliquer qu'à la chaîne de M. Bouygues.

Un présentateur de télévision interroge, complice : « *Alain Madelin, le mal d'aujourd'hui est d'abord un mal fiscal : il y a trop d'impôts. Alors que faites vous ?* » [56]. Mais quand Robert Hue s'indigne que Pierre Suard « *gagne un* SMIC *par heure* », une autre journaliste le morigène sur le champ : « *Est-ce que ce n'est pas une façon rétrograde de voir les choses que de stigmatiser les patrons qui gagnent trop d'argent ?* » [57]. Le « traitement » est différent, les pugnacités asymétriques. Certes c'est TF1, et les questionneurs, Jean-Claude Narcy et Claire Chazal, n'ont jamais vraiment été catalogués à gauche. Un troisième journaliste interpelle Arlette Laguiller : « *Vous qui bouffez du patron...* » [58]. Cette fois, c'est France 2, et François-Henri de Virieu n'était pas catalogué à droite. Disons alors que le jour où Jean-Claude Narcy et Claire Chazal s'entretiendront avec Alain Madelin comme François-Henri de Virieu le fit avec Arlette Laguiller, lorsque, interrogeant l'enfant chéri du CNPF, ils préfaceront leurs questions par « *Vous qui bouffez du salarié...* », les choses auront peut-être commencé à changer.

Avec une persévérance méritoire, les journalistes qui ne cessent de chanter l'ordre des choses voudraient qu'en plus on célèbre leur courage. Ainsi, entonnant une de ses vieilles rengaines antisociales – « *s'attaquer aux rigidités et aux autres réglementations qui asphyxient le marché du travail* […], *s'en prendre à des tabous, comme le salaire minimum, qui bloque l'emploi des jeunes, sans perdre de vue que la relance de l'emploi passe aussi par les "petits boulots"* » – Franz-Olivier Giesbert croit bon d'ajouter : « *C'est le genre de choses qu'il ne fait pas bon dire par les temps qui courent. Il est recommandé de célébrer la gloire de "l'ordre établi". Les bien pensants, sourds à la peine, n'ont peur que d'une chose : que ça change* ». Le burlesque de cette charge contre « *l'ordre établi* » et les « *bien pensants* » éclate quand on apprend qu'elle fut publiée dans... *Le Figaro Magazine* *. Mais, après tout, un homme politique comme M. Barre s'est bien construit dans les médias toute une réputation de franchise et d'audace en glorifiant la fermeté salariale des patrons. Et en stigmatisant – entre deux assoupissements – l'indolence des chômeurs.

L'an dernier, revenant de l'une des conférences préférées de l'actuel maire de Lyon, celle de Davos, Christine Ockrent a, à son tour, rabâché la pensée croupie des classes dirigeantes tout en réclamant elle aussi le statut de dissidente : *« Il est malvenu en France, ces temps-ci, d'aller à contre-courant du pessimisme ambiant. De dénoncer les lignes Maginot de l'esprit, qui, sous couvert de protéger l'"exception française", abritent nos frilosités. D'ouvrir les yeux sur un monde en plein chambardement qui nous prête de moins en moins d'attention et ne donne pas cher de notre capacité d'ajustement. Voilà pourquoi il est bon chaque année de prendre le chemin de Davos et d'écouter là-bas dans leur diversité et leurs contradictions tous ceux qui contribuent à changer la planète »* [59]. A Davos, on retrouve *« chaque année »* quelques-uns de ces 358 milliardaires qui ensemble et *« dans leur diversité »* contribuent d'autant plus à *« changer la planète »* qu'ils détiennent davantage de richesse que près de la moitié de la population du monde. Cependant, nul doute qu'en écrivant ces lignes-là dans *L'Express*, puis en les paraphrasant devant un micro de radio (Europe 1 ou BFM), avant de les répéter à France 3 devant Serge July et Philippe Alexandre,

---

* « Socialement incorrect », Éditorial, *Le Figaro Magazine*, 15 mars 1997. Faisant la critique du livre d'Alain Genestar, directeur de la rédaction du *Journal du Dimanche*, Franz-Olivier Giesbert, nota aussi que l'ouvrage *« tranche avec le ronron du jour à la sauce consensuelle que les médias déversent continuellement dans nos écuelles »* (*Le Figaro*, 14 avril 1995). « Les médias », pas lui...

Christine Ockrent ait sincèrement pensé qu'elle ne faisait pas de politique. D'ailleurs, imagine-t-elle un instant compromettre la réputation "américaine" d'objectivité qu'elle cultive avec tant d'acharnement quand elle admet avoir « *toujours éprouvé à l'égard du communisme, sous ses formes diverses, une répulsion viscérale* » [60].

Peut-on encore être journaliste en éprouvant à l'égard du néolibéralisme un désagrément quelconque ? Devant un dirigeant syndicaliste, Guillaume Durand se veut pédagogue : « *Le capitalisme, maintenant qu'il n'y a plus le mur de Berlin, est obligé de tenir compte des marchés financiers* » [61]. Cinq jours plus tard, le magazine *7 sur 7* explore déjà l'étape suivante : « *Il est difficile de céder sur les salaires : les marchés financiers guettent la moindre faiblesse française* » [62]. Au moment de négocier *leurs* rémunérations, les professeurs d'économie cathodique sont moins scandalisés par l'éventuelle « *faiblesse* » de leurs employeurs. Lors d'un débat organisé par TF1, un jeune intervenant demande pourquoi, au lieu de toujours baisser les salaires, on n'impose pas un gel des traitements les plus élevés « *comme, par exemple, au dessus de 100 000 francs par mois* ». Le ministre présent sur le plateau lui demande de préciser son propos. Et, directement menacé par cette suggestion, Patrick Poivre d'Arvor ajoute aussitôt : « *Parce que là, on ne comprend pas bien le sens de la question* ».

On connaît l'objection : « Ce n'est pas la pensée qui est unique, c'est la réalité qui l'est devenue ». La parade peut laisser rêveurs ceux pour qui « la mémoire » permet aussi de se souvenir qu'avant la Révolution française, il y eut quelques encyclopédistes et des rédacteurs de gazettes qui se dressèrent contre l'absolutisme royal et contre les privilèges, pourtant presque partout dominants. Eux voulaient simplement renverser l'irréversible. Et ils y parvinrent. Quant à la pensée socialiste et aux luttes syndicales, elles précédèrent largement les révolutions communistes de ce siècle. Pourquoi devraient-elles alors se taire *« maintenant qu'il n'y a plus le mur de Berlin »*? Ces questions ne seront pas posées. Désormais il faut s'adapter.

Un dialogue éclairant à cet égard fut diffusé sur les antennes de France Inter, il y a moins de deux ans. Le journaliste interpellé, Michel Garibal, utilise souvent – comme dans cet échange – deux petits instruments de l'orthodoxie ambiante, tellement anodins qu'ils sont sans doute devenus inconscients : le *« aujourd'hui »* – signe de la modernité libérale qu'on distingue de l' *« hier »* des archaïsmes sociaux – et le *« donc »* – qui rattache souvent entre elles deux propositions sans lien logique... autre qu'idéologique.

Question de l'auditeur : *« J'ai acheté* L'Humanité *du 19 décembre 1995. Il y avait une mise en cause des puissances financières. On ne retrouve pas ces tendances sur France Inter. L'impression* [quand on vous écoute] *c'est que c'est comme ça : il n'y a plus rien à faire ».*

Michel Garibal : *« Monsieur, vous savez, aujourd'hui, les étudiants qui font de l'économie – et ils sont de plus en plus nombreux – ont à leur disposition toutes les doctrines de tous les temps et de tous les pays. Il y a un enseignement qui est extrêmement riche dans ce domaine. Mais nous, nous constatons un certain nombre de choses. Il y a eu une époque où il y avait des systèmes qui cohabitaient, qui étaient très différents. Aujourd'hui, même* L'Humanité *constate que le système communiste a disparu. Donc il y a un système qui est l'économie de marché qui est le système dominant, au moment où, justement, nous avons une économie mondialisée. Parce que c'est un constat. Aujourd'hui, on vous dit tous les jours : le monde est un village. Mais c'est vrai! Donc si vous voulez, aujourd'hui, jouer avec les autres, il faut appli-*

quer la règle du jeu commune *. Ça ne veut pas dire que vous êtes obligé de l'approuver au fond de vous même [...] ».

L'auditeur avait « donc » entendu juste : C'est comme ça! Il n'y a plus rien à faire! A la rigueur, gémir, mais en son for intérieur.

Essayez donc de naviguer d'un mot à l'autre. « Modernité » ? Libre-échange, monnaie forte, déréglementation, privatisations, « Europe »... du libre-échange, de la monnaie forte et des privatisations. « Archaïsmes » ? État-providence, État tout court (sauf quand il s'occupe d'armée, de police et de prisons, ses fonctions « régaliennes »), syndicats (qui défendent des « intérêts catégoriels »), nation (« nationaliste »), secteur public (« monopole »), peuple (trop tenté par le « populisme »). Naviguez dans la presse et sur les ondes, et vous retrouverez ces définitions-là. Vous retrouverez l'idéologie qui a favorisé les privatisations, la déréglementation des échanges et la mise à bas des « contraintes réglementaires » qui empêchaient les patrons du Nord de chercher librement le travail là où il serait le moins cher. Et « si vous voulez, aujourd'hui, jouer avec les autres », vous accepterez tout cela.

Pour peu qu'elle atteigne ses objectifs, l'orthodoxie médiatique n'est pas inflexible sur les moyens. Ainsi sur l'Europe et les marchés. Tantôt, au nom de l'Europe et de la politique de la concurrence des commissaires de Bruxelles, il faudra exiger la privatisation des services publics. C'est actuellement le cas pour France Télécom, en attendant EDF. Tantôt il sera plus habile de réclamer

---

* Au moment du référendum sur le traité de Maastricht, Jean-Marc Sylvestre avait utilisé le même type d'argument suggérant l'obligation pour une France en retard de s'aligner sur les règles du jeu des autres : « Pour pouvoir dîner à la table de l'Europe, encore faut-il savoir se tenir à cette table et ne pas manger avec ses doigts », cf. Le Bêtisier de Maastricht, op. cit., p. 63.

davantage d'Europe en prétendant faire ainsi barrage au capitalisme sauvage. Alain Duhamel est un bon baromètre en la matière. En 1993-94, il fut aussi franchement balladurien qu'il avait été barriste éperdu. Mais, juste après le mouvement social de novembre-décembre 1995 – qu'il condamna évidemment – il bascula pendant quelques jours dans le *« rejet du tout-libéral »* : *« L'Europe constitue le meilleur bouclier contre la dictature des marchés* […]. *Ce que récusent les centaines de milliers de manifestants* [français], *ce que contestent souvent les millions d'usagers stoïques, c'est la tyrannie des dogmes libéraux, le despotisme des marchés* […]. *Les Français n'ont aucune envie de déréglementations systématiques, de privatisations forcenées, de démantèlement de l'État-providence, de dynamitage de leur modèle social »* [63]. Qu'on comprenne bien : dans ce jugement de circonstance, qu'une circonstance différente infirmera, l'essentiel duhamélien se découvre toujours à l'aune des adjectifs. Si les dogmes libéraux cessent d'être *« tyranniques »* et les marchés *« despotiques »*, si les déréglementations savent rester partielles, les privatisations mesurées, l'État-providence rétréci et le modèle social circonscrit, tout rentrera dans l'ordre modéré. Et au bout de la route, les marchés et l'Europe (des marchés) auront quand même avancé.

La confluence idéologique de la droite et d'une bonne partie de la gauche autour de priorités économiques à peu près identiques a beaucoup facilité l'orientation choisie par nombre de journalistes. À l'affirmation d'un « contre-pouvoir » s'est substituée la volonté d'accompagner les choix de la classe dirigeante, de faire d'autant plus vite œuvre de pédagogie collective qu'on se reprochait d'avoir pris du « retard » en la matière. Interrogé sur l'orientation néolibérale de la plupart de ses analyses économiques et financières, *Le Monde* expliqua : *« Il nous fallait nous adapter à l'économie-monde – et nous l'avons*

*fait avec retard. Là encore, le seul fait de nous profession-
naliser, de nous mettre à jour, provoque une surinterpréta-
tion idéologique. L'idéologie est plutôt dans le regard nos-
talgique de ceux qui critiquent»* [64]. Et, concernant une
des rubriques ("séquences") du *Monde*, Edwy Plenel,
directeur de la rédaction, avait indiqué : « *Quant à
«Entreprises», le choix est dénué d'ambiguïtés : la micro-
économie, les marchés et la finance, sans complexe, sans ce
rapport trouble, voire hypocrite, au monde de l'argent qui
nous a parfois handicapés»* [65].

Cependant, refuser la nostalgie et l'hypocrisie en matière
économique pose assez vite le problème de la cohérence
rédactionnelle d'un médium qui traite du reste de l'actualité avec un esprit critique demeuré intact. Car comment mettre en cause le creusement des inégalités, la
montée des phénomènes de déstructuration collective et
de repli individuel dont se nourrit le Front national
quand on a, précédemment ou simultanément, avalisé
les grands choix commerciaux, monétaires et financiers
qui en ont fait le lit? Surtout si, chaque jour, on explique
la prééminence croissante du domaine économique. La
contradiction ne se pose évidemment pas de la même
manière pour un médium clairement orienté à droite.
Mais les autres en sont réduits à célébrer les petits prés
menacés de la fraternité sociale après avoir légitimé les
gros canons de l'horreur économique.

Jean-Claude Guillebaud l'a bien dit : « *Nos inquiétudes se
confondent ingénument avec nos privilèges* ». Toutefois,
parler d'argent est jugé indélicat, le mettre en rapport
avec le travail fourni est inconvenant, chercher le lien
possible entre un niveau de revenus et un stock d'idées
relève de l'attaque personnelle. Mais comment ne pas penser aux 120 000 francs par mois de la journaliste, Claire
Chazal, qui interpelle ainsi Bernard Kouchner : « *Puisque*

*vous avez parlé de la protection sociale, est-ce que vous n'êtes
pas d'accord pour dire qu'il y a des privilèges que la France ne
peut plus se permettre ? ».* Un jour, *Le Nouvel Observateur*
dévoila l'existence à TF1 de six salaires annuels compris
entre 2,8 millions de francs (Gérard Carreyrou) et 7,3 millions de francs (Patrick Le Lay) en passant par 6 millions de
francs pour Patrick Poivre d'Arvor [66]. Or dans une économie mondialisée sans cesse taraudée par notre besoin commun d'être plus compétitifs, ne pouvait-on pas trouver
quelque part sur la planète un journaliste francophone aussi
doué pour le commentaire politique que Gérard
Carreyrou, et beaucoup moins cher ?

Avant de se déclarer scandalisé que l'attaque soit si bru-
tale, voire – *horresco referens* – « populiste », comprenons
qu'elle ne vise qu'un demi quarteron de professionnels
multicartes, dont la vie ne ressemble plus guère à celle de
leurs confrères : En 1996, au moment de « l'affaire des
contrats » des animateurs de variétés de France 2, Ève
Metais, journaliste de la chaîne, décrivait ainsi l'état des
lieux : *« Je vois la valse des milliards, mais je vois aussi les
CDD qui ne sont pas embauchés, des chefs qui nous accusent
de vider les caisses, qui nous refusent parfois une nuit d'hô-
tel en reportage par manque d'argent. Quel mépris »* [67].

Christine Ockrent n'a, semble-t-il, toujours pas compris
cette aspiration de la profession à plus d'égalité et à plus
de dignité. Evoquant le *« scandale »* que provoqua, en
septembre 1988, l'annonce de son salaire à France 2
(120 000 francs par mois *) elle s'offusque en effet. Et écha-

---

* A l'époque, une journaliste de France 2 avait réagi ainsi : *« Il y a
maintenant trois rédactions : celle des stars (Ockrent à 120 000 francs
par mois, Leymergie à 100 000 F. et Sannier à 60 000 F.) ; celle des
journalistes de base (beaucoup entre 14 000 F. et 20 000 F.) ;
et celle des soutiers et pigistes (565 F. nets par jour) »,* in Le Monde,
14 septembre 1988.

faude la plaidoirie suivante : c'était moins qu'avant ; c'était devenu le jeu ; c'était moins qu'ailleurs. Citons la. La rémunération en cause représentait « *moins de la moitié de mes émoluments de la Une* » ; « *l'audiovisuel était à son tour devenu un marché et* […] *le service public payait mieux que d'autres un certain nombre de gens dont il estimait avoir besoin* » ; « *les confrères américains qui avaient traduit les données de l'histoire en dollars et la jugeaient à l'aune des mœurs télévisuelles de leur pays* » se seraient montrés « *narquois* » : « *J'eus ainsi droit à un titre du* New York Times *du genre "La star qui fait craquer la France pour un salaire de misère"...* » [68].

De misère ? Quand la profession est gangrenée par la précarité, les piges mal payées, les « stages » sans avenir ? Bien sûr puisque pour un baron de la profession, la « concurrence », c'est d'abord le droit d'exiger les plus hauts salaires du monde. Mais, sur la chaîne câblée de Martin Bouygues, un journaliste aussi bien doté que Guillaume Durand change d'optique sitôt qu'il interroge le responsable d'un syndicat ouvrier : « *Vous savez que le marché est mondial pour la main-d'œuvre. Quand le salaire augmente et que les charges sociales restent trop importantes, il y a un moment où le patron émigre* […]. *Vous ne pouvez pas empêcher les entreprises de comparer les coûts des Français* […] *et ceux des Coréens* ». Ainsi leur monde est simple : les « gens dont on a besoin » d'un côté, la « *main-d'œuvre* » de l'autre. Aux premiers tout est permis, aux seconds tout est repris. En somme, nul besoin des recommandations d'un ministre ou des ordres d'un actionnaire. Dans un univers matériel et intellectuel de ce type, la pensée de marché coule comme un fleuve tranquille.

Et puisque désormais, en matière d'information, la référence est américaine, pourquoi ne pas voir où elle mène. Là-bas, au moins, la question du lien entre les revenus pharaoniques de certains journalistes vedettes et leur dévotion pour l'idéologie des classes dirigeantes ne fait pas figure de scandale. Là-bas, nul n'a jugé indécente l'observation de James Fallows, actuel directeur de la rédaction de *US News and World Report*, le troisième *newsmagazine* du pays : « *Sur les questions économiques (impôts, aide sociale, politique commerciale, lutte contre le déficit, attitude à l'égard des syndicats), l'opinion des journalistes de renom est devenue beaucoup plus conservatrice à mesure que leurs revenus augmentaient* » [69].

Vétéran et ancien médiateur du *Washington Post*, Richard Harwood explique ainsi la métamorphose de la profession aux États-Unis : « *Dans le temps, nous ne décrivions pas l'existence des gens ordinaires : nous en faisions partie. Nous vivions dans les mêmes quartiers. Les reporters se percevaient comme membres de la classe ouvrière* [...]. *Et puis, des gens plus instruits sont devenus journalistes ; le salaire a augmenté ; des jeunes toujours mieux formés ont voulu intégrer la profession. Auparavant, les reporters avaient un niveau de vie légèrement supérieur à celui de leurs voisins de quartier, les ouvriers. Depuis les années 80, les reporters ont un niveau de vie légèrement inférieur à celui de leurs voisins de quartier, les avocats et les patrons. Or les milliers de personnes qui reçoivent des salaires annuels supérieurs à 100 000 dollars sculptent l'image que le public se fait du journalisme* [...]. *Et leur vie quotidienne les rend effectivement beaucoup plus sensibles aux problèmes des privilégiés qu'au sort des travailleurs payés au salaire minimum* » [70]. En France, ce genre d'observation serait jugé un peu vulgaire. Surtout par les quelques professionnels payés le plus cher.

Et le reste devient presque superflu. Les "ménages", qui permettent, moyennant le versement de dix SMIC mensuels par jour, d'enfreindre dans la prospérité l'interdiction – pourtant inscrite dans la convention collective de la presse – d'« *user de la notoriété acquise dans sa profession pour servir, hors de cette profession, la publicité d'un produit, d'une entreprise ou d'une marque* ». Superflus aussi la publicité et les parrainages qui amadouent* ou sanctionnent les responsables des médias ; qui obligent à vendre un journal deux fois, d'abord à l'annonceur, puis au lecteur ; qui déjà véhiculent sans relâche le couplage entre bonheur et marchandise ; qui bientôt détermineront le sommaire de chaque périodique et la géographie de ses zones interdites.

En novembre-décembre 1995, tout s'exprima à la fois : le soutien au pouvoir, l'arrogance de l'argent, le mépris du peuple, le pilonnage d'une pensée au service des possédants. Un grand sursaut populaire a aussi ceci d'utile : il révèle simultanément la puissance du conditionnement idéologique que les médias nous infligent et la possibilité d'y faire échec. Lors du mouvement de lutte contre le plan Juppé, la clameur quasiment unanime de nos grands éditorialistes** n'a en effet pas empêché des centaines de milliers de salariés de se mettre en grève, des millions de citoyens de manifester, une majorité de Français de les soutenir. Pourtant, s'il faut une occasion aussi considérable pour que se révèle crûment la loi d'airain de notre société du spectacle – à savoir le fait que la pluralité des voix et des titres n'induit nullement le plu-

---

* Si la privatisation de France Télécom a suscité autant d'impatience dans certains journaux, est-ce aussi qu'elle devait être précédée d'une campagne publicitaire appelant à l'achat de titres, campagne qui a rapporté 200 millions de francs aux divers supports de presse ?

** Selon un sondage d'Ipsos-Opinion publié par *Le Nouvel Observateur* du 14 décembre, 60 % des médias ont jugé favorablement le plan Juppé contre 6 % seulement qui l'ont apprécié de manière négative.

ralisme des commentaires – combien de petites violences la vérité et l'analyse subissent-elles quotidiennement dans le silence de nos pensées engourdies?

Côtés médias, la pièce va se jouer en cinq actes. Le premier, celui de l'exposition, permettra à la quasi-totalité des quotidiens, hebdomadaires, stations de radio et chaînes de télévision de se présenter et d'exprimer leur admiration pour le plan Juppé. La réaction initiale, hostile, des salariés et de l'opinion conduit assez vite les éditorialistes à recommander au premier ministre de tenir bon (acte 2) et, en échange, l'assurent de l'admiration de la profession pour son « *courage* » – et celui de Nicole Notat – face à la tempête. Puis, la poursuite du mouvement et sa popularité intacte incitent nos Grands Commentateurs à se demander si les Français ne seraient pas, contrairement aux marchés, congénitalement incapables de comprendre la réalité. C'est le thème de l'« *irrationalité* »; il marquera l'acte 3 et permettra d'expliquer qu'en dépit des attentes – et des efforts déployés en ce sens –, les difficultés quotidiennes nées de la grève n'aient pas déclenché une réaction collective favorisant les desseins gouvernementaux et patronaux.

Le combat antisyndical demeurant sans effet, le journalisme de marché force l'allure et dénonce (acte 4) les « *corporatismes* » et les preneurs d'« *otages* ». Mais l'irrationalité latine s'installe malgré tout; il faut alors se résoudre à donner la parole aux acteurs du mouvement social. C'est le pâté d'alouette que les médias servent pendant l'acte 5. Cette pièce comporte également un épilogue, triste naturellement, puisque le gouvernement a dû reculer. En voici quelques fragments [71].

La lobotomie avait duré près de quinze ans : les élites françaises et leurs relais médiatiques pouvaient estimer qu'ils touchaient au but. Ils avaient chanté « *Vive la crise!»*, célébré l'Europe et la modernité, conjugué des alternances sans changement, embastillé la justice sociale dans le cercle de la raison capitaliste. Et pendant qu'allait s'opérer le grand ajustement structurel qui dépouillerait enfin la France de son reliquat d'archaïsme et d'irrationalité, plus rien ne devait bouger. D'ailleurs la gauche de gouvernement s'était depuis longtemps ralliée, les syndicats affaiblis, les intellectuels de cour et d'écran laissé séduire par une société qui leur permettait de naviguer sereinement d'un colloque à une commission en attendant, comme les autres rentiers, de gagner le soir de l'argent en dormant. C'était en octobre 1995.

Et puis M. Juppé parla. Le fond de sa « réforme » importe peu : il s'agissait une fois encore de mener *« la seule politique possible »*, c'est-à-dire de faire payer les salariés. Sans trop se soucier de cohérence – comme au moment de la guerre du Golfe et du traité de Maastricht, les médias assureraient la mise en musique idéologique – M. Juppé prétexta simultanément de son désir d'assurer la défense de la protection sociale et de sa volonté d'éviter la défiance des marchés financiers, dont la protection sociale n'est pas le souci particulier. Diagnostic connu (la « faillite »), thérapeutique prévisible (les « sacrifices »), dialectique familière (« équité » et « modernité »), le succès aurait dû être aussi assuré que ceux des plans de « réforme » précédents. Presque aussitôt, Pierre Joxe, Françoise Giroud, Bernard-Henri Lévy, Jean Daniel, Jacques Julliard, Pierre Rosanvallon, Raymond Barre, Alain Duhamel, *Libération,* Guillaume Durand, Alain Touraine, André Glucksmann, Claude Lefort, Gérard Carreyrou, *Esprit,* Guy Sorman... tous approuvèrent un plan à la fois *« courageux »*, *« cohérent »*, *« ambitieux »*, *« novateur »* et *« pragmatique »*.

Dans la foulée des scribes, les spéculateurs («les marchés») furent eux aussi séduits. L'affaire semblait entendue : après six mois d'impairs personnels et de tâtonnements politiques, le premier ministre français venait de prouver sa mesure. Et *«Juppé II»* ou *«Juppé l'audace»* – comme titrèrent à la fois le quotidien de Serge July et celui de Rupert Murdoch[72] – occupa la place laissée vacante par MM. Barre, Bérégovoy et Balladur dans le cœur des journalistes de marché. Alors ministre de l'Éducation Nationale, M. Bayrou ne manquerait pas de rappeler à ces derniers leur allégresse initiale dès que l'affaire tournerait mal pour le pouvoir : *« Tous les journalistes français disaient : A quand les réformes ? Et, permettez-moi de vous dire : ils ont tous applaudi »*[73].

On ne se défie jamais assez des gueux. On les croyait disparus (la fin de la classe ouvrière ne découlait-elle pas de «la fin de l'histoire»?), à la rigueur relégués au rang d'«exclus» sur le sort desquels se pencherait quelque fondation compatissante. Ils réapparurent, debout. Une telle incongruité déchaîna chez nos journalistes libéraux un discours de haine qui rappelait un peu le Tocqueville des *Souvenirs,* lors des journées de juin 1848. Le 4 décembre, M. Franz-Olivier Giesbert fulmina dans *Le Figaro* : *« Les cheminots et les agents de la* RATP *rançonnent la France pour la pressurer davantage. Car c'est bien de cela qu'il s'agit : de corporatisme, c'est-à-dire de racket social »*. M. Claude Imbert, directeur du *Point,* fit chorus, assez satisfait de pouvoir dépoussiérer ses ritournelles contre la *« Mamma étatique »*, et les *« paniers percés »* du secteur public : *« D'un côté la France qui travaille, veut travailler et se bat, et de l'autre la France aux semelles de plomb, campée sur ses avantages acquis »*.

La douleur de M. Giesbert « pressuré » par les cheminots et celle de M. Imbert bataillant contre les «avantages acquis» fut aussitôt contagieuse. Gérard Carreyrou, de TF1, d'autant moins porté à comprendre les revendications des grévistes que son salaire annuel s'élevait alors à 2 800 000 francs, trancha le 5 décembre : « *M. Juppé a marqué sans doute un point, celui du courage politique. Mais il joue à quitte ou double face à un mouvement où les fantasmes et l'irrationnel brouillent souvent les réalités* ». La langue de bois des Importants venait de laisser voler ses plus jolis copeaux : d'un côté – celui du pouvoir et de l'argent – le « *courage* » et le sens des « *réalités* » ; de l'autre – celui du peuple et de la grève – les « *fantasmes* » et l'« *irrationnel* ». Ce mouvement social aurait-il l'impudence de remettre en cause vingt années de pédagogie de la soumission ?

Alain Minc, président du conseil de surveillance du *Monde*, s'exprima aussi dans *Le Figaro* : « *Dans ce monde en apparence unifié par les modes de vie et les marchés financiers* [sic], *il demeure une spécificité française : le goût du spasme* ». Pour les décideurs, conseilleurs et experts investis du pouvoir de définir la « rationalité », les grèves ne pouvaient en effet représenter qu'un « *coup de lune* » (Claude Imbert), une « *grande fièvre collective* » (Alain Duhamel), une « *fantasmagorie* » (Franz-Olivier Giesbert), un « *carnaval* » (Guy Sorman), une « *part de folie* » (Bernard-Henri Lévy), une « *dérive schizophrénique* » (François de Closets). Car le rêve des modérés, celui d'une « République du centre »* plus germanique que latine, venait de dresser contre lui des millions de manifestants « *mentalement décalés* ». Ils dessinaient, paraît-il, « *les contours d'une France archaïque*

---

* Titre d'un ouvrage publié en 1989 et écrit par François Furet, Jacques Julliard et Pierre Rosanvallon, membres éminents de la Fondation Saint-Simon et, pour les deux premiers d'entre eux, de la rédaction du *Nouvel Observateur*.

*tournée vers des solutions à l'italienne (endettement, infla-
tion et clientélisme), plutôt que vers des solutions à l'allemande (négociation salariale et rigueur de gestion »* *.*
Latins contre Germains, Jacques Julliard, sans doute
débordé par les exigences de son œuvre immense, ne faisait ici que répéter le postulat anthropologique central
de la « pensée Alain Minc ».

Pendant que le carnaval italien et l'archaïsme français
d'*«une société fermée défendant son bout de gras»* [74] enva-
hissaient les rues, la modernité s'exprimait en anglais
dans les salles de change. Le 9 décembre, *The Economist*
résuma la situation mieux que d'autres : « *Des grévistes par
millions, des émeutes dans la rue : les événements des deux
dernières semaines en France font ressembler le pays à une
république bananière dans laquelle un gouvernement assié-
gé cherche à imposer les politiques d'austérité du FMI à une
population hostile [...]. Les marchés ont mis le gouvernement sous surveillance : même un modeste compromis pourrait provoquer une crise du franc».* Quatre jours plus tôt,
le *Wall Street Journal* avait en effet imputé aux premières
concessions gouvernementales la baisse du franc enregis-
trée la veille : « *Tout nouveau signe de faiblesse du gouvernement aurait pour premier effet de pénaliser le franc. Si
M. Juppé cédait aux manifestants et abandonnait les
réformes annoncées, la prime de risque s'envolerait».* Le
lendemain, l'atmosphère était meilleure : « *Les marchés
ont rebondi dès lors que les investisseurs ont choisi de parier
que le gouvernement de M. Juppé remporterait l'épreuve de
force avec les salariés en grève du secteur public».* Las, une

---

* Jacques Julliard, *Le Nouvel Observateur*, 7 décembre 1995. L'une
des incongruités de cette période fut sans doute d'entendre
chaque semaine, sur Europe 1, un débat *« Droite/Gauche »*
entre MM. Julliard et Imbert, puis un *Face à face* opposant
MM. Duhamel et July... tous quatre d'accord avec le plan Juppé !

semaine plus tard, le climat s'était à nouveau dégradé : « *Les propos d'Alain Juppé perçus comme des "concessions majeures sans contrepartie" sont loin d'avoir soulevé l'enthousiasme des marchés. L'affaiblissement du franc est une conséquence directe de l'intervention d'Alain Juppé qui n'a pas hésité à employer le mot tabou de négociation* ». La pensée très sociale des marchés – qui rejoignait celle de nos grands journalistes – méritait-elle vraiment d'être précisée ? *Les Echos* s'en chargèrent : « *Une fois de plus, l'exemple de la Dame de fer, qui a su mater les mineurs britanniques, est mis en avant* ».

Mais, pour « mater » les grévistes avec le concours de l'opinion, il fallait que le mouvement social dressât contre lui la majorité des Français. Sur France Info, à TF1 et ailleurs, des journalistes se mirent à l'ouvrage, faisant chaque heure, chaque soir, l'inventaire aussi laborieux que répétitif des « *kilomètres de bouchon* », des « *usagers à bout* », des « *feux du désespoir sur le périphérique* », des « *entreprises au bord de l'asphyxie* », des « *embauches qu'on ne va pas faire* ». Le 12 décembre, un journaliste de France 2, innocemment, avoua à quel point les événements stimulaient l'imagination de sa rédaction : « *Ça fait dix-huit jours qu'on vous raconte la même chose* ».

Différent en cela du *Parisien*, dont le traitement du conflit social fut souvent exemplaire, *France Soir* n'hésita pas. Il évoqua le sort de « *Christian, SDF de 56 ans, qui rumine sa colère. La grève des transports et la fermeture des stations de métro à Paris ont jeté dans la rue des hordes de laissés-pour-compte. Comme Christian, ils sont des centaines à arpenter les rues du matin au soir pour ne pas mourir de froid* ». En même temps que des SDF, le quotidien vespéral de Robert Hersant se soucia subitement des chômeurs et des RMistes : « *Le mouvement social qui s'étend à la Poste va-t-il paralyser les guichets, les privant de leurs prestations attendues ces prochains jours ? ».* Les «exclus» contre les grévistes et leurs «*reven-dications matérielles insensées*», quelle belle manifestation c'eût été ! Interrogeant un cheminot de 51 ans qui gagnait 8 500 francs par mois, Thierry Desjardins, jour-naliste au *Figaro*, le houspilla : *«Mais vous êtes tout de même un privilégié»*...

Les journalistes de marché étaient accablés ; il fallait que les Français le soient aussi : *«Les gens se pressent, en silence. Leurs habits sont tristes, noirs ou gris. On dirait des piétons de Varsovie [...]. Des marcheurs égarés avancent, mécaniques, le regard fixé vers le bas. Chez eux, c'est encore si loin»* [75]. Sur TF1, Claire Chazal chercha, vaillamment, à nous distraire de notre malheur : *«Avant d'évoquer la paralysie des transports et la crise dans laquelle s'enfonce notre pays, évoquons l'histoire heureuse de ce gagnant du loto».* Le gagnant, «Bruno», fut invité sur le plateau.

Rien n'y fit, ni «Christian», ni «Bruno», ni les manifestations squelettiques d'«*usagers*» RPR : la cour-be des sondages restait obstinément contraire à celle des marchés et des commentaires, et les Français soli-daires de ceux qui avaient engagé la lutte. Les médias durent alors oublier leur prévenance pour le plan Juppé et laisser enfin s'exprimer ceux qui le combattaient. En général, on les noya dans le maëlstrom verbal des experts et des anciens ministres. Alain Touraine, sans doute parce qu'il venait de commettre un pamphlet ultralibéral [76] et de proclamer son soutien au plan gou-vernemental, campa dans les médias, jour et nuit. MM. Kouchner, Madelin et Strauss-Kahn furent de tous les «débats», tous aussi ennuyeux qu'un jour sans grève. Mais leurs phrases étaient tellement racornies que les quelques bribes concédées aux acteurs du mou-vement social – «*Synthétisez !*», «*Posez vos questions comme on dit dans les jeux»*, ne cessait de leur dire Daniel Bilalian – les balayaient sans peine*. Même tronçonnée par le verbe intarissable de Jean-Marie Cavada – enjoué avec les forts, cassant avec les autres – la parole d'un syndicaliste valait, aisément, celle de dix éditorialistes. Tirant alors les leçons de l'impact limité du discours gouvernemental, M. Juppé n'eut plus qu'à dénoncer une *«extraordinaire tentative de désinformation»*. Et à s'inviter à deux reprises en un mois chez Anne Sinclair, décidément très accueillante.

M. Barre avait annoncé : *«Au prix d'épreuves et de sacrifices, les êtres humains s'adapteront»*. Cette fois, l'«incontournable» fut contourné : les cheminots et les agents de la RATP triomphèrent des affidés de M. Barre. Une telle issue n'inonda pas de bonheur les salles de rédaction parisiennes : *Le Nouvel Économiste* titra : «Et en plus la croissance s'effondre», *L'Express* jugea que nous étions *«tous perdants»*. Quant à Claude Imbert, il lui fallut nombre de «débats» consolateurs avec son ami Jacques Julliard et autant d'éditoriaux rageurs dans *Le Point* pour venir à bout de *«toute cette déprime que nous venons de vivre»*.

«Nous»?

---

* Dans son édition du 3-4 décembre 1995, *Le Monde* fit le décompte éclairant du temps de parole accordé aux divers protagonistes du conflit social dans l'émission de France 2, *La France en direct*, le 1er décembre 1995. Les 50 grévistes du Mans parlèrent 3 minutes 41 secondes, les 30 d'Aubervilliers, 3 minutes 21 secondes, les 20 de Strasbourg, 4 minutes et 48 secondes, et les grévistes de Toulouse, 4 minutes 17 secondes. Soit un total d'environ un quart d'heure dans une émission de deux heures... consacrée à la grève.

4

Un univers
de connivences

Certains noms ont déjà encombré cet essai. Ils ne le quitteront pas. A l'accusation d'acharnement, l'auteur plaide néanmoins non coupable. Les journalistes cités sont inévitables : ils règnent sur la profession. On peut difficilement analyser l'automobile américaine sans évoquer General Motors, Ford et Chrysler. On ne peut pas parler longtemps du journalisme français sans citer le nom du trust d'environ trente associés qui se partagent les jetons de présence de son conseil d'administration, qui survivent à toutes les alternances, politiques et industrielles. Ce n'est pas que leur personnalité ou leur talent soient irremplaçables. Trente autres personnes feraient en effet tout aussi bien l'affaire. Mais pour comprendre, sinon l'architecture d'un système, au moins le fonctionnement du milieu, il faut aussi connaître ces trente-là. Ces trente qui, loin de se faire concurrence, ne cessent de troquer des complicités, ajoutant aux contraintes précédemment évoquées celle que leurs connivences font égoïstement peser sur toute une profession, ses princes et ses soutiers.

Un milieu. Idées uniformes et déchiffreurs identiques. Journalistes ou «intellectuels», ils sont une petite trentaine, inévitables et volubiles. Entre eux, la connivence est de règle. Ils se rencontrent, ils se fréquentent, ils s'apprécient, ils s'entreglosent, ils sont d'accord sur presque tout. Alain Minc, longtemps sur RTL, sur LCI (lors d'un *Duel* l'opposant autrefois à Jacques Attali...), dans les colonnes de plusieurs périodiques, a qualifié leur idéologie de *« cercle de la raison »*. Alain Touraine, cosignataire du rapport Minc de 1994, l'aurait vite repris, préférant l'expression *« cercle du réel et du possible »*[77]. Il fallut presque en venir aux mains pour les séparer... Sorti de ce consensus bourgeois, de cette solidarité organique, il n'y aurait qu'aventure, *« populisme »* et démagogie.

Pour eux, le soleil ne se couche jamais. Dès l'aube à la radio, le soir à la télévision ; dans la presse écrite, l'éditorial à flux tendu : quotidien national, hebdomadaire, quotidiens régionaux. Et, pour compléter le tout, le livre annuel matraqué sur toutes les ondes*. Philippe Meyer, éditorialiste au *Point* et à France Inter, a suggéré : *« Beaucoup savent que leur puissance, comme d'ailleurs leur notoriété, n'a pas de légitimité. Elle n'est due qu'à la fréquence de leurs apparitions ; pas à leur travail ni à leurs connaissances ni à leur savoir-faire »*. Il fut un temps où le grand journaliste était aussi un grand reporter. Trop loin, trop long, trop cher. Désormais, le commentaire hebdomadaire – parfois quotidien – exige de ne quitter son bureau que pour passer à table.

Alain Duhamel incarne mieux que quiconque cette élite omniprésente. Giscardien, barriste, puis balladurien, jospinien demain s'il le faut, il préside le comité éditorial d'Europe 1. Sur les ondes de cette radio, dans la « *tranche du matin* [qui] *cible les décideurs »*, il disserte – de tout – chaque jour sauf les samedis et dimanches. *Libération, Le Point, les Dernières nouvelles d'Alsace, le Courrier de l'Ouest, Nice Matin*... accueillent aussi ses éditoriaux. Et

---

* Début 1995, trois auteurs qui quadrillent les médias (Alain Duhamel, Bernard-Henri Lévy et Alain Minc) publièrent un essai politique dénonçant les tentations irrationnelles qu'ils prêtaient au peuple. Deux ans plus tard, leurs sujets de prédilection avaient changé (Mitterrand pour Alain Duhamel, Napoléon III pour Alain Minc – mais c'était *« le livre que Mitterrand aurait voulu écrire... »* –, Bernard-Henri Lévy pour le désormais réalisateur Bernard-Henri Lévy). Toutefois, cette variété des sujets traités n'empêcha pas les trois d'occuper une fois encore les médias.

Le Monde cite avec tant d'empressement ses commentaires radiophoniques qu'il semble y disposer d'un rond de serviette vespéral. Il est également sollicité régulièrement par *L'Humanité*, décidément à la recherche de cautions modérées et bourgeoises. Dans son édition du 27 mars 1996, le quotidien communiste offrit ainsi une page d'entretien à l'éditorialiste de *Libération*, Europe 1, *Le Point, Nice Matin* etc., dans laquelle celui-ci « *donn*[ait] *son sentiment sur la gauche et l'évolution des rapports entre ses principales composantes* ». Dix jours plus tard, *L'Humanité* récidiva, citant un commentaire d'Alain Duhamel paru dans *Libération*. Et en mai, consécration suprême, Robert Hue renvoya à une des chroniques duhaméliennes dans son rapport devant le 29e Congrès du Parti communiste[78]. Il ne reste plus qu'à attendre le jour où *Le Monde* citera *L'Humanité* citant *Libération*. Tous citant Alain Duhamel.

Certaines des journées d'Alain Duhamel doivent être éreintantes*. Sur France 2 et sur Europe 1 (*le Club de la*

---

* Exemple d'un parcours médiatique aussi éblouissant que resserré, Alain Duhamel interviendra au moins sept fois sur les ondes nationales entre le samedi 7 janvier 1995 à 22 heures 30 et le mardi 10 janvier à 20 heures. Le samedi soir, il participe longuement à l'émission littéraire de France 3. Le dimanche matin, à 8 heures 40 sur Europe 1, il se livre à son *Face à face* hebdomadaire avec Serge July. A midi, il interroge Nicolas Sarkozy à *L'heure de vérité* (France 2). Lundi à 7 heures 25, il éditorialise sur Europe 1 avant de diriger, à 19 heures, le *Club de la presse* qui reçoit Robert Hue. Sitôt cette émission terminée, à 20 heures, il se précipite dans les studios de France 2 pour, dès 20 heures 30, interroger Jacques Chirac. Le mardi à 19 heures, il est l'invité de l'émission de Guillaume Durand sur LCI. Quelques heures plus tôt, sa chronique quotidienne d'Europe 1 avait pour thème : « Jacques Chirac omniprésent ». Deux mois plus tard, le 4 mars 1995 sur France Culture, Alain Duhamel précisera néanmoins : « *Les émissions d'actualité à la télévision, j'en refuse beaucoup* ». Mais le 28 avril de la même année il avouera au *Figaro* : « *Je connais peu, dans mon métier, de journées chômées* ».

presse), il interroge les invités politiques. Intarissable, il publie également – impossible de l'ignorer – un livre toutes les années impaires, en général pour défendre nos élites incomprises et les vertus de l'Europe libérale. Tous les mercredis, lors d'un *« débat d'information »*, il affronte Franz-Olivier Giesbert, directeur de la rédaction du *Figaro* et Serge July, directeur de *Libération*. Le *« débat »* est courtois. Si Serge July intervient sur Europe 1 le mercredi, Alain Duhamel écrit dans *Libération* le vendredi. Chacun est ainsi en quelque sorte l'employeur de l'autre. Et tous continuent, sans effort, de se tenir dans le périmètre exigu du *« cercle de la raison »*.

QUAND SERGE JULY ET CHRISTINE OCKRENT
CÉLÈBRENT LES MÉRITES D'UN AUTEUR MÉCONNU

Le 12 janvier 1997, Christine Ockrent, ancienne directrice de *l'Express,* consacre la fin de son émission politique de France 3 à l'évocation des grands ouvrages qui viennent de paraître. Le texte qui suit est celui, intégral, d'une séquence du dialogue à trois voix entre Christine Ockrent, Serge July et Philippe Alexandre.
– Christine Ockrent : *Commençons peut-être par votre choix, Serge, d'autant qu'on avait le même.*
– Serge July : *Celui d'Alain Duhamel donc.*
– Christine Ockrent : Portrait d'un artiste *chez Flammarion.*
– Serge July : *On ne pouvait pas ne pas le choisir* [sic]. *Parce que c'est sans doute le premier livre qui est consacré à François Mitterrand qui porte sur la...*
– Christine Ockrent : *Sur le bilan...*
– Serge July : *Sur sa politique, sur son bilan. Vous parliez de bilan tout à l'heure.*
– Christine Ockrent : *Sur sa politique. Et qui est très complet, très nuancé.*

> – Serge July : *Qui est un livre...*
> – Christine Ockrent : *Et fort bien mené.*
> – Serge July : *Passionnant à lire. Je vous conseille vivement ce bilan.*
> – Christine Ockrent (qui écrira dans ses Mémoires qu'*« exigeant, rigoureux et fidèle, Alain Duhamel* [l'] *avait beaucoup poussée à rejoindre la station* [Europe 1] *dont il était déjà l'un des piliers »*) passe à présent au livre choisi par Philippe Alexandre : *Alors, on glisse dans l'histoire...*
> – Serge July (qui a encore quelque chose d'aimable à dire sur le livre de l'éditorialiste politique de *Libération*) : *Il est pas simpliste. Il est ... Comme c'est une question compliquée François Mitterrand, il s'y attaque frontalement. Utile.*
>
> Philippe Alexandre présente alors brièvement son choix. Il s'agit de l'ouvrage d'Alain Minc sur Napoléon III. Christine Ockrent suggère qu'elle l'a également lu, en dépit d'un emploi du temps qu'on imagine chargé *. Les livres choisis par les trois journalistes étaient souvent des livres de journalistes.

Notre *zapping* éventuel est sans espoir. Chez les experts en légitimation, les cumuls et les *« relations d'interconnaissance »*[79] sont de règle : disposer d'une tribune garantit presque qu'on s'en verra proposer une autre. Sur RTL, le panel des collaborateurs extérieurs va du directeur du *Monde*, au directeur des *Échos*. Sans oublier la directrice-adjointe de l'information de TF1 et l'un des grands éditorialistes du *Point*. Jusqu'en 1996, sur Europe 1 c'était plus simple : au directeur de *Libération* (le lundi à 8 heures 25) succédait, à la même heure, celui du *Point* (mardi),

---

* A plusieurs reprises, les journalistes de cette émission ont admis qu'ils n'avaient qu'*" à peu près tout lu"* (Serge July, le 5 mars 1995) ou qu'ils avaient simplement *"commencé"* (Christine Ockrent, le 21 janvier 1996) l'ouvrage qu'ils choisissaient néanmoins de recommander à des centaines de milliers de téléspectateurs.

de *L'Express* (mercredi), de *L'Événement du jeudi* (samedi), le directeur adjoint du *Nouvel Observateur* (vendredi). Le directeur éditorial de *Courrier International* avait également rejoint cette station. Peu après son arrivée au *Point*, puis à *L'Express,* et peu avant que lui fût confiée la charge d'une émission hebdomadaire sur Arte.

Est-ce la seule qualité du commentaire, pas le pouvoir du commentateur, qui détermine l'invitation à l'antenne ? Quelques semaines après son remplacement (expéditif, comme c'est devenu la règle dans ce magazine) à la direction de la rédaction de *L'Express* par Christine Ockrent, Yann de L'Écotais dut également lui abandonner son éditorial hebdomadaire sur Europe 1. Françoise Giroud, qui écrit à la fois dans *Le Nouvel Observateur* et dans *Le Figaro,* fut renvoyée du *Journal du Dimanche* dès qu'elle critiqua l'intrusion dans la vie privée de l'ancien président de la République, de *Paris Match,* autre publication du groupe Hachette. Et, pour sanctionner les critiques de *Libération* contre TF1, Serge July perdit, en 1992, le droit d'« affronter » Philippe Alexandre sur la chaîne de Bouygues. À l'époque, Gérard Carreyrou, directeur de l'information de TF1, justifia ainsi sa sanction : « *On ne peut pas passer à la caisse tous les mois tout en crachant dans la soupe* »[80]. La confraternité, qui procure des avantages, impose quelques exigences...

En France, les cardinaux de la pensée unique, fort soucieux de supprimer les « corporatismes » bénéficiant aux salariés ou aux assurés sociaux et les « cumuls » dont profitent les hommes politiques, ne montrent jamais la même audace lorsqu'il s'agit de remettre en cause *leur* monopole de l'expression médiatique. L'incohérence est d'autant plus significative que la profession est sinistrée par le chômage et que la moindre collaboration ou « pige » d'un oligarque de l'information est rétribuée plusieurs milliers de francs. Mais la situation actuelle, caractérisée par le pouvoir exorbitant d'une poignée de journalistes et de titres, interdit à quiconque de dénoncer ces privilèges*. A moins de se couper définitivement des réseaux d'influence sans lesquels les idées et les produits (livres, disques, spectacles) perdent presque toute chance de rencontrer un public. La confluence idéologique qui, depuis quinze ans, déporte la vie politique vers la droite, avait déjà rendu particulièrement difficile l'expression de projets dissidents. La vadrouille médiatique incessante de quelques intellectuels de télévision en phase avec l'air du temps verrouille tout le système [81]. Lucide et cynique, Alain Minc a expliqué : *« Le système médiatique sécrète une concentration du pouvoir auprès de laquelle l'"accumulation primitive du capital" chère à Marx représente une bluette. Un tri s'est effectué qui n'a profité qu'à une poignée d'intellectuels »* [82]. Mais qui trie ? Et qui a trié Alain Minc ? Ou Bernard-Henri Lévy ?

LES AMIS DE BERNARD-HENRI

Le 15 mai 1994, Bernard-Henri Lévy est l'invité de la grande émission politique de France 2, *L'Heure de Vérité*. Défendant une cause honorable et son premier film *Bosna!*, il y annonce à la fois un meeting à la Mutualité et la présence d'une liste « Sarajevo » aux élections européennes de juin. François-Henri de Virieu, responsable de l'émission *« conseille aux gens d'aller voir le film »*.

---

* Au nombre des exceptions, on notera toutefois le travail fait par les *Guignols de l'Info* et celui de la presse satirique (*Le Canard Enchaîné* et *Charlie Hebdo*).

Bernard-Henri Lévy est ensuite interrogé sur la Bosnie, sur l'Europe et sur l'avenir de la gauche. Tout juste revenu du festival de Cannes, il prophétise : « *Le lien social est en train de craquer* ». Philippe Sollers, Dominique Strauss-Kahn, Harlem Désir, Marek Halter, Alexandre Adler et Françoise Verny sont présents dans le studio.

Le même jour, à 19 heures, trois têtes de liste aux élections européennes se partagent, sur TF1, la vedette de l'émission *7 sur 7*. L'animatrice, Anne Sinclair, leur demande de commenter en direct des images du film *Bosna !*, qu'elle compare à *L'Espoir* d'André Malraux : « *On a pensé à 7* sur *7 qu'il fallait aller le voir* ». Elle annonce ensuite l'existence d'une liste « Sarajevo », qu'elle qualifie de « *liste des intellectuels* » alors même que nombre d'intellectuels ont pris position contre une telle initiative. Dans un siècle, un chercheur que le sujet intéresse encore comptabilisera avec profit le nombre de fois où, à *7 sur 7*, Anne Sinclair cita *La règle du jeu*, nom de la revue dirigée par Bernard-Henri Lévy, ou interpella ses invités pour les sommer de réagir aux dernières fulgurances du nouveau philosophe.

Le lendemain, 16 mai, Bernard-Henri Lévy est, dans une seule journée et sur une seule radio (France Inter), le sujet de quatre émissions. Alors présentée par Ivan Levaï, la revue de presse de 8 heures 30 lui est très largement consacrée ; il est ensuite l'invité de l'émission *Radio-Com* à 8 heures 40, puis du journal de la mi-journée, enfin du *Téléphone sonne* à 19 heures 20.

Jeudi 19 mai, Laurent Joffrin, alors directeur de la rédaction du *Nouvel Observateur,* estime, dans *Infomatin,* que Bernard-Henri Lévy et ses amis « *renouvellent la manière de pratiquer la politique en obligeant l'État et les partis à changer. C'est typiquement le genre de courants sur lequel la gauche doit se brancher* ». Le surlendemain, dans *Le Point,* Catherine Pégard ne cache pas, elle non plus, son admiration : « *La réussite de son film* Bosna !*, la justesse de son* Heure de vérité*, la vigueur de son argumentation*

*[il la développe, cette semaine, dans son « Bloc-notes »,
en dernière page], ont fait sortir Bernard-Henri Lévy du
champ de la seule démocratie médiatique* [...]. *L'écrivain
a sonné le réveil d'une certaine conscience européenne* ».

Le 29 mai, pendant l'émission *7 sur 7*, en dépit de sondages
qui n'accordent déjà plus que 4 % des voix à la liste
« Sarajevo » (elle en obtiendra, sans le soutien de Bernard-
Henri Lévy, 1,56 %), Anne Sinclair annonce : « *La liste
des intellectuels bouleverse les données électorales, bouleverse
la donne des élections européennes* ». Quatre jours plus tôt,
le *New York Times* estimait déjà que « *la presse avait accordé
à l'initiative une couverture proche de la saturation* » ;
et Régis Debray jugeait que le pouvoir avait « *sous-traité à la
fraction écumeuse et branchée-image ses meilleures institutions
culturelles et l'orchestration idéologique de son agenda* ».

En novembre 1994, pour lancer la publication de son
essai contre l'intégrisme, Bernard-Henri Lévy bénéficie
encore d'un traitement médiatique fort généreux : *7 sur 7*,
Club de la presse d'Europe 1, "une" du *Monde*.
Mais, en février 1997, quand sort son second film, *Le jour
et la nuit*, coproduit par la télévision publique et par
Jean-Luc Lagardère, c'est le déferlement ("uncs" du *Point*,
de *Paris Match*, de *L'Événement du Jeudi*, du *Figaro
Magazine*, de *Madame Figaro*). Depuis plusieurs mois déjà,
les lecteurs du *Nouvel Observateur* avaient été alertés
de la gestation de l'œuvre, grâce à Françoise Giroud.
Éditorialiste au *Nouvel Observateur*, après avoir coécrit
un livre de conversations sentimentales et mondaines avec
le nouveau philosophe et salué presque chacune
de ses apparitions télévisées, elle s'était en effet rendue sur
les lieux du tournage, au Mexique. Concurrence oblige,
Le Point n'avait pas voulu que ses lecteurs fussent moins
informés. Via son « Bloc-notes » hebdomadaire,
Bernard-Henri Lévy en personne les tint donc au courant.
Quant au lecteur de *L'Express*, il trouva dans son magazine
une double page titrée « Les carnets de tournage de BHL ».
L'auteur ? Bernard-Henri Lévy lui-même.

Vient le grand moment. Recevant Alain Delon, interprète principal du *Jour et la nuit*, Anne Sinclair, *« intriguée par la rencontre entre un intellectuel de gauche et un saltimbanque de droite »* diffuse, comme elle l'avait déjà fait pour *Bosna !*, les extraits d'un long métrage de Bernard-Henri Lévy. Ce n'est plus *7 sur 7*, c'est Madame Cinéma ! Et elle explique : *« C'est un film qui trouble et qui émeut »*. Il fera surtout rire. Car démontrant sa santé collective et son refus du conditionnement médiatique, « le public » ne prête aucun intérêt à une composition ridicule, la laissant agoniser dans l'indifférence. Il faut dire que les critiques de cinéma (en particulier Gérard Lefort de *Libération* et Jean-Michel Frodon du *Monde*) piétineront l'œuvre que le grand philosophe avait, un an plus tôt, qualifiée de *« pari le plus risqué, le plus déraisonnable de ma vie »*. Il en tira tout de même quelques lignes amères pour son "Bloc-notes" du *Point* : *« Fin du règne de l'argent fou. C'est bien. Mais le puritanisme d'aujourd'hui, la diabolisation de l'argent et de ceux qui en font métier n'en sont-ils pas l'envers ? Autre folie »*. Le film avait en effet coûté 53 millions de francs.

Bernard-Henri Lévy est loin, hélas, d'être le seul à avoir privatisé la tribune dont il dispose, récompensant ceux qui le flattent, morigénant ceux qui lui font de l'ombre[83]. Et cette pratique a beau avoir été évoquée cent fois – pas toujours exemples à l'appui –, elle se poursuit, se généralise, s'exhibe, comme assurée d'une tranquille impunité. Pis, les sanctions frappent exclusivement les dénonciateurs de procédés qui *« en d'autres univers auraient nom corruption, concussion, malversation, trafic d'influence, concurrence déloyale, collusion, entente illicite ou abus de confiance et dont le plus typique est ce qu'on appelle en français le "renvoi d'ascenseur" »*[84].

Journaliste au *Figaro*, Jean Bothorel en a été chassé en 1996. Il avait mis en cause la gloutonnerie avec laquelle deux des vedettes de ce quotidien, Franz-Olivier Giesbert, directeur de la rédaction, et Alain Peyrefitte, président de son comité éditorial (et membre de l'Académie française), s'étaient approprié les colonnes du journal pour y faire célébrer leurs ouvrages. D'après Jean Bothorel[85] quinze articles auraient ainsi été consacrés par *Le Figaro* au livre d'Alain Peyrefitte sur De Gaulle! C'est donc sans surprise que, peu après son licenciement, l'auteur impertinent a dû découvrir dans ce qui était devenu son ancien journal un article signé Alain Peyrefitte, et faisant, sur six colonnes, l'éloge du dernier *« beau roman »* de Franz-Olivier Giesbert[86].

Avouons-le : le sujet prête si facilement à sourire que l'auteur de ces lignes, encore jeune, s'étonne un peu qu'un journaliste en fin de carrière, n'ayant plus rien à redouter, ne lui ait pas encore consacré tout un volume revigorant. Qui? quand? où? comment? pourquoi? Aux États-Unis, certains quotidiens *« interdisent formellement »* à leur rédaction en chef de confier la critique d'un livre à quiconque connaît l'auteur, ou a lui même écrit un ouvrage dont l'auteur aurait précédemment rendu compte, ou *« entretient des liens étroits avec une personne souvent citée dans le livre en question »*[87]. Disons que ces consignes, parfois difficiles à respecter, sont chez nous enfreintes dans une impudence tellement joyeuse qu'elle étonne les pays étrangers.

Le pouvoir intellectuel en France : *« Quarante médiocrates (au grand maximum) ont pouvoir de vie ou de mort sur quarante mille auteurs […]. Pour les travaux des uns et des autres, ils constituent le sas à passage obligatoire séparant l'événement du non-événement, l'être du néant, l'utile de l'absurde »*[88]. C'est dans *Le Point*, pas dans *Le Figaro*, qu'Alain-Gérard Slama, essayiste très médiatisé (on comprendra bientôt pourquoi...), a rendu compte de *La société de confiance*, autre ouvrage d'Alain Peyrefitte. Alain-Gérard Slama écrivait : « *Le présent livre, aussi novateur que le précédent, est une réflexion sur la philosophie de l'Histoire d'une richesse telle qu'il ne nous paraît pas excessif de saluer dans son auteur un nouveau Toynbee* [...]. *Quel bonheur que cette "thèse" qui nous entraîne au-delà de nous mêmes! Tous les libéraux qui croient en la responsabilité humaine et qui n'ont pas peur de l'abondance doivent se précipiter sur ce livre : ils se sentiront moins seuls* » [89].

L'article était titré « Question de confiance ». C'était imprudent. Le lecteur du *Point* aurait pu en effet se souvenir – mais, s'agissant d'un hebdomadaire auquel on fait « confiance », quel lecteur habituel soupçonne ce genre d'entourloupe ? – qu'Alain-Gérard Slama, également collaborateur régulier de France Culture, était aussi – est toujours – éditorialiste au *Figaro*. N'y avait-il pas là déjà un (petit) conflit d'intérêt, certes habituel dans la profession, lui interdisant toute critique autre que révérencieuse de l'œuvre du président du comité éditorial du *Figaro*? Quinze jours environ après l'article du *Point* précité, les choses s'éclairent un peu plus. Alain Peyrefitte prend sa plume d'académicien et analyse, dans *Le Figaro*, un ouvrage signé... Alain-Gérard Slama : « *Alain-Gérard Slama a vu progresser chez nous cette* Régression démocratique. *Il la dénonce avec passion et l'analyse avec lucidité* [...]. *Slama est particulièrement original dans son analyse de la "lutte contre l'exclusion" – cette conduite paradoxale dont l'effet est de culpabiliser la société* [...]. *Slama veut redonner aux Français confiance dans les règles de la démocratie pour inverser la régression en une progression démocratique. Et il le fait avec un grand courage intellectuel et un don brillant de convaincre* »[90]. Comme toujours en pareil cas, le mot-clé est « courage ».

Dans le numéro du *Point* où Alain-Gérard Slama célébrait en Alain Peyrefitte notre « *nouveau Toynbee* », il y avait aussi, signée par Alain Duhamel, également éditorialiste au *Point,* la critique de l'ouvrage d'Alain-Gérard Slama... Ce fut un festival : « *talent* », « *brio* », « *fougue naturelle* », « *méthode de dénonciation implacable* », « *capacité critique inépuisable* », « *verve superbe et logique assassine* », etc. D'autant que, semblable en cela à Franz-Olivier Giesbert et à Christine Ockrent, Alain Duhamel raffole des dissidents. Justement, Slama – également professeur à Sciences-Po comme le fut un certain Alain Duhamel * – était en lutte contre « *les conformismes tranquilles* » et prêt à « *l'abordage de maintes idées à la mode* [...]. *Il y a du Julien Benda chez Slama, avec son pessimisme dévastateur, sa passion rhétorique, ses élans vengeurs et son intellectualisme aristocratique, mais, si l'on peut oser ce rapprochement, il serait un Benda gaullien* ».

Quelques mois auparavant, déjà « *à l'abordage de maintes idées à la mode* », Alain-Gérard Slama avait lui aussi osé dénicher un essayiste iconoclaste : « *Alain Duhamel est unique* [...] *Peu auront, autant que lui, contribué à remettre en cause les vulgates qui, répandues dans les médias* [sic], *abusent les acteurs sociaux et pervertissent le fonctionnement de la démocratie* ». Alain Duhamel – qu'Alain-Gérard Slama rejoignait sur ce point – suggérait même que les problèmes de la société française tenaient « *beaucoup plus à l'imperfection des*

---

* Sciences-Po est une pépinière de journalistes, futurs et anciens. Anne Sinclair a expliqué : « *Avec Alain* [Duhamel], *on se connaît depuis vingt ans. Il a même été mon examinateur à Sciences-Po. Alors c'est dire que c'est une vieille camaraderie* ». (Télé Dimanche, Canal Plus, 25 février 1996).

structures – la mixité, les cumuls de fonctions, les conflits d'intérêt – qu'à la défaillance des hommes» [91]. Cumuls de fonctions et conflits d'intérêt, le diagnostic ne manquait pas de pertinence.

C'est vraisemblablement en raison de la nature hybride de son idéologie (un balladurien inspiré par Benda! [*]) qu'en février 1996, Alain-Gérard Slama célébra aussi, dans le quotidien de droite de Franz-Olivier Giesbert, lui même ancien directeur de la rédaction du *Nouvel Observateur*, un livre de Jacques Julliard, directeur-adjoint du *Nouvel Observateur*, hebdomadaire catalogué à gauche pour des raisons que seuls d'excellents historiens pourraient peut-être nous révéler. Un peu comme tout le monde avant lui dans le petit milieu, Slama fut emballé par le talent de Jacques Julliard (qui, à l'époque était aussi – comme Franz-Olivier Giesbert – salarié par Europe 1) [**] : *« C'est un style, un ton, marqués par le souci quasi proustien de retrouver l'origine, de rechercher la vérité psychologique latente sous la matérialité brute des faits»* [92].

D'une plume décidément installée dans l'encre de la flagornerie distinguée, Alain-Gérard Slama avait, deux semaines plus tôt, déjà chanté les louanges d'un autre homme de gauche, ancien ministre socialiste de surcroît : *« On lit le dernier livre de Jean-Noël Jeanneney*

---

[*] Julien Benda fut très associé au Front Populaire. Après la seconde guerre mondiale, son parcours le rapprocha du Parti communiste.
[**] Le 10 avril 1995, Giesbert n'avait déjà eu aucun scrupule à inviter, sur Europe 1, Jacques Julliard et Claude Imbert, tous deux éditorialistes d'Europe 1, pour parler de leur livre *La droite et la gauche*. Il avait même conclu l'« entretien » d'un assez inhabituel *« Félicitations ! »*. Quatre jours plus tard, il écrivit dans *Le Figaro* la critique (enthousiaste) du livre d'Alain Genestar, directeur du *Journal du Dimanche* et éditorialiste sur Europe 1 lui aussi. Ce sens du contact explique sans doute que Franz-Olivier Giesbert ait accepté d'ajouter à ses autres responsabilités celle d'animateur d'une émission littéraire, *Le Gai savoir*, sur Paris Première.

avec un constant bonheur. Tout se trouve dans ce panorama généalogique des médias issu d'un cours professé à Sciences-Po et appelé à faire référence de ce qu'on est fondé à attendre d'un grand livre d'histoire [...]. *Le talent ne se fabrique pas. Que d'évocations dans ce livre, que de rappels qui touchent et donnent à réfléchir!»* [93]. Réfléchir est toujours une bonne idée. Dans le cas d'espèce (un livre très décevant), on aurait même pu réfléchir au fait que Alain-Gérard Slama et Jean-Noël Jeanneney enseignaient tous deux à Sciences-Po, au Cycle supérieur d'histoire du XXe siècle. Bref, si le bonheur d'Alain-Gérard Slama fut assurément *« constant »*, il ne fut pas entièrement imprévu.

Epilogue. Le 14 février 1996, Alain-Gérard Slama, désormais devenu médiatiquement «incontournable», est invité par Jean-Marie Cavada à la *Marche du siècle*. Ce soir-là, l'émission de France 3 est consacrée à Lionel Jospin. Jean-Marie Cavada, se parodiant sans effort, se tourne alors vers celui qui est encore premier secrétaire du parti socialiste, et tel un marquis recevant à sa table : *« Je ne vous présente pas Alain-Gérard Slama. J'imagine que vous l'avez lu... »* Mais Lionel Jospin n'était pas journaliste. Son regard hésitant suggéra donc le contraire.

La vérité est rude. Un ouvrage dont l'auteur est une sommité médiatique n'affrontera jamais le feu d'une honnête critique. Les cumuls de tribune et les *« courtoisies croisées »* [94] lui serviront de parapet. A la rigueur on entendra au loin quelques tirs de francs-tireurs, mais toujours recouverts par le tonnerre des applaudissements mercenaires. La vanité des personnages qui, après les avoir réclamés, accueillent en ronronnant de satisfaction les compliments démesurés de leurs employés et de leurs obligés est presque attendrissante. Mais ces pieux mensonges, destinés à flatter l'orgueil enfantin de ceux qui les commandent, comment penser qu'ils n'affectent pas le crédit d'un journal? Le patron d'une publication, qui aime les flagorneurs et qui échange des faveurs, prend chaque jour la décision d'introduire en contrebande de la fausse monnaie dans le débat d'idées. Ceux des journalistes qui croient encore aux chartes de déontologie de la profession disposent là d'un objectif à leur mesure. Interdire à Philippe Labro, à Franz-Olivier Giesbert, à Jean Daniel, à Jacques Julliard, à Claude Imbert et à quelques autres d'utiliser leur journal, leur radio et leurs contacts pour imposer leurs écrits, leurs produits – et ceux de leurs «amis» – ne changerait rien de fondamental à la nature de RTL, du *Figaro*, du *Nouvel Observateur* ou du *Point*. Mais à quoi bon continuer à parler du reste si ce secondaire-là s'étend comme une métastase?

A quoi bon si Slama continue d'être soulevé par les élans vengeurs de Julien Benda; Peyrefitte d'écrire des livres aussi novateurs que ceux de Toynbee, quand il n'est pas *« en passe de devenir le Tocqueville de la Chine contemporaine »*[95] ou de réinventer l'univers avec un cerveau évoquant ceux *« de Beethoven ou d'Einstein »*[96]. A quoi bon, si, de son côté, Giesbert *« vient d'écrire le roman dont rêvait sans doute Spinoza »*[97], si Julliard fait penser à Proust, Alain Duhamel à Buffon et à Giraudoux, et Jean Daniel à Monteverdi... Un responsable de journal, qui laisse publier de telles calembredaines dans sa rubrique consacrée aux essais politiques, ne respectera pas davantage la vérité dans les autres pages.

Et les dividendes de la complaisance peuvent être modestes. Quand, en mai 1997, Claude Imbert, directeur du *Point,* obtint que Jean-Claude Casanova, ancien éditorialiste de *L'Express* et directeur de *Commentaires,* commente dans *Le Point* le livre de Claude Imbert, compilation de ses éditoriaux du *Point,* ce fut l'esprit tranquille. Jean-Claude Casanova, également professeur à Sciences-Po, ne le déçut pas. Deux pleines pages lui suffirent à peine : « *Voulez-vous que vos enfants fassent d'excellentes études, qu'ils entrent à Sciences-Po ? [...]. Eh bien ! confiez-leur le Imbert dès la classe terminale et dites-leur simplement ce qu'on ne dit plus assez : s'instruire, c'est imiter* » [98]. La même semaine, Jean-François Revel, éditorialiste au *Point* et membre de l'Académie française, confie lui aussi son bonheur, mais à *L'Express* : « *Les éditos d'Imbert gagnent à être rapprochés même pour leur lecteur fidèlement hebdomadaire. Car, à les lire, ou relire, les uns à la suite des autres, on assiste non plus, comme chaque semaine, à l'analyse de tel ou tel sujet particulier, mais à la mise en place progressive d'une vision d'ensemble* » [99]. Hélas pour la vision d'ensemble, l'ouvrage n'intéressa guère que les affidés d'Imbert. Jean-François Revel n'en fut sans doute qu'à moitié étonné. Dans ses Mémoires, il avait en effet expliqué : « *Le public flaire en général avec un assez sûr instinct les articles de complaisance, en politique comme en critique [...]. [Il sent] la louange frelatée, dans tous ces languissants papiers, qui se révèlent alors autant de leviers morts* » [100].

LE CAS LABRO

Philippe Labro a de la chance. Le patron d'antenne de RTL est certes un ami de Christine Ockrent – dont il vient, dans *Le Figaro*, de saluer le livre de Mémoires –, mais c'est aussi un romancier. Dans le concert d'éloges qui salue la parution de chacun de ses ouvrages, difficile de distinguer ce qui revient à l'écrivain, à l'auteur à succès, à l'ami, à l'homme de pouvoir. Toutefois, le résultat est là : un roman de Philippe Labro passe aussi inaperçu qu'un voyage du pape à Paris. Sur RTL, seule la rubrique boursière semble ne pas être directement tourneboulée par la sortie du grand livre. Presque toutes les autres émissions (d'actualité ou de variétés) sont mobilisées. Ailleurs, on sonne aussi le rappel. Souvent associée à RTL, TF1 n'oublie pas ses devoirs. C'était en général Anne Sinclair qui recevait à *7 sur 7* celui qui l'avait embauchée à RTL. Le 12 mai 1996, elle lui posa d'emblée une question qui aurait pu être insolente : *« Philippe Labro, ce livre a un immense succès. A votre avis, pourquoi ? »* A cause du talent de l'auteur ? Jean-Marie Cavada avait invité le talent à s'exprimer à *La marche du siècle*.

Pour FR3, ce ne fut pas tout. Le 14 avril 1996, dans l'émission de Christine Ockrent, ancienne rédactrice en chef à RTL, Philippe Alexandre, alors éditorialiste sur RTL, expliquait en effet avec une candeur peut-être involontaire : *« Je ne pouvais faire moins que de choisir le livre de Philippe Labro »*. Pour l'œuvre précédente, il n'avait déjà pas pu *« faire moins »* non plus. Mais l'avenir de ce binôme d'admirateurs est incertain : Philippe Alexandre ayant quitté avec éclat la station luxembourgeoise (pour être aussitôt recruté par BFM, dont le comité éditorial est présidé par Christine Ockrent), il n'est pas acquis que, l'année prochaine, il manifestera le même enthousiasme pour les talents de romancier de son ancien patron, qui l'accuse à présent de *« désinformation »*. Philippe Labro conserve toutefois deux complices dans l'émission. Christine Ockrent, bien sûr : *« Grande émotion et grande justesse »*. Et Serge July : *« Beaucoup de sincérité. Un grand écrivain »*. Un jour, Labro finira peut-être au Quai Conti. Déjà *Le Journal inattendu* de RTL invite beaucoup d'académiciens.

Le capitalisme français est virtuose dans l'art de constituer des « noyaux durs », ces réseaux enchevêtrés qui s'entrecroisent en toute amitié. Bouygues et la Lyonnaise ont le groupe Suez pour actionnaire commun ; la BNP et l'UAP siègent ensemble dans nombre de conseils d'administration, et chacun est actionnaire de l'autre. Selon les circonstances, ce type de fonctionnement induit un esprit de clan, ou de meute. Les barons de la presse fonctionnent comme autant de noyaux durs. En plus des «courtoisies croisées» qu'on vient de citer, de nombreuses autres du même type, des complicités que certains journalistes nouent avec les maisons d'édition qui leur servent le couvert (contrats inhabituellement généreux, directions de collection), des rencontres professionnelles (universités, colloques) ou commerciales («ménages»), il y a les jurys littéraires où chacun se retrouve. C'est ainsi: la profession est, disons... grégaire.

« Le jury de la Fondation Mumm, présidé par Mme Françoise Giroud, a distingué cinq journalistes de la presse écrite pour ses prix 1996. Il s'agit de M. Jacques Julliard pour ses chroniques [...]. Chaque lauréat recevra 50 000 francs. La cérémonie de la remise des prix aura lieu le jeudi 6 février à midi au Plaza Athénée, avenue Montaigne, en présence du ministre de la Culture, M. Douste-Blazy, et de tous les membres du jurys » [101]. Qui donc compose ce jury, présidé par Françoise Giroud, éditorialiste au *Nouvel Observateur*, qui vient ainsi d'attribuer un prix de 50 000 francs à Jacques Julliard, directeur adjoint du *Nouvel Observateur*? Outre Jean Daniel, directeur du *Nouvel Observateur,* ses membres sont : Claude Imbert, Franz-Olivier Giesbert, Christine Ockrent, Jean d'Ormesson, André Fontaine, Alain Genestar, Ivan Levaï, Bernard Pivot, Patrick Poivre d'Arvor, Philippe Tesson et Roger Thérond.

En 1995, le prix Aujourd'hui, doté de 5 000 francs et qualifié – avec emphase – de «Pulitzer français», fut attribué à François Furet pour son livre *Le Passé d'une illusion : essai sur l'idée communiste au XXe siècle.* Le jury, présidé par Jacques Fauvet, comprenait alors Alain

Duhamel, Catherine Nay, Claude Imbert, Jacques Julliard, Philippe Tesson, Jean Ferniot et Christine Clerc. Un tel aréopage était-il vraiment qualifié pour apprécier «l'idée communiste au XXᵉ siècle»? Un seul historien dans le groupe, Jacques Julliard *, qu'on aurait pu juger de parti pris : d'une part, François Furet était éditorialiste au *Nouvel Observateur* (on lui avait attribué le même numéro de poste, le 35.20, que Françoise Giroud); d'autre part, François Furet, Jacques Julliard et Pierre Rosanvallon avaient écrit un livre ensemble, *La République du centre*. Furet avait également obtenu le prix Tocqueville doté de 100 000 francs. Cette fois, le président du jury était Alain Peyrefitte.

Aussitôt paru, *Le Passé d'une illusion* fut porté aux nues par le petit milieu. Doués pour la lecture rapide ou particulièrement désœuvrés cette semaine-là (le livre compte 572 pages imprimées en assez petits caractères), Serge July et Christine Ockrent le recommandèrent aux téléspectateurs de France 3 au moment de sa mise en place chez les libraires. Presque tous les journalistes firent chorus, d'autant plus déférents pour l'auteur qu'ils avaient à peine parcouru son ouvrage. Dans son édition du 11 novembre, la rubrique «En forme» du *Point,* baromètre presque infaillible des connivences médiatico-politiques (les amis sont presque toujours «en forme», les adversaires presque toujours «en panne») célébrait à son tour François Furet. Le 5 décembre 1995, c'était la rubrique «en hausse» du *Nouvel Observateur.* Plus tard, on apprendra que cette histoire primée était de la mauvaise histoire [102]. En mars 1997, François Furet fut élu à l'Académie française. A nouveau, *Le Point* le jugea *«en forme»* ...

---

* Jacques Fauvet et Alain Duhamel avaient toutefois écrit une *Histoire du Parti communiste français.*

La Fondation Saint-Simon est un lieu de rencontres. Depuis quinze ans, gauche «moderne» et droite modérée s'y croisent, y dînent, tous recrutés par cooptation. Présidée par François Furet, aujourd'hui décédé, et par Roger Fauroux, ex-PDG de Saint-Gobain, elle regroupe Jean-Claude Trichet, gouverneur de la Banque de France, bon nombre d'industriels et plusieurs journalistes ou sondeurs. Au nombre desquels Serge July, Christine Ockrent, Anne Sinclair, Jean-Pierre Elkabbach, Jean Daniel, Franz-Olivier Giesbert, Françoise Giroud, Jean Boissonnat, Jean-Claude Casanova, Michèle Cotta, Luc Ferry, Laurent Joffrin et Alain Minc. Autre noyau dur.

Alchimiste talentueuse, la télévision sait alimenter sa soif de programmes peu coûteux avec des «débats» opposant des intervenants dont on comprend mal ce qui les distingue. C'est *«l'interminable série des affrontements dérisoires»* qu'évoquait Guy Debord dans *La société du spectacle*, avant d'en conclure, citant Hegel : *«L'errance des nomades est seulement formelle, car elle est limitée à des espaces uniformes»*. En matière de pluralisme dévoyé, LCI, dont le directeur d'antenne est proche d'Alain Madelin, est orfèvre. Qu'il s'agisse de *La vie des idées* ou des *Duels*, c'est presque toujours le même brouet d'invités : Alain Touraine, Philippe Sollers, Elie Cohen, Pascal Bruckner, Guy Sorman, Luc Ferry, Alain Finkielkraut. Les «débats» sont à l'avenant : Guy Sorman contre Bernard-Henri Lévy, Alain Minc contre Alain Peyrefitte, Elie Cohen contre Claude Imbert etc. Le culte voué à ces grands penseurs est tel qu'il arrive aux téléspectateurs de les retrouver en même temps sur deux chaînes différentes. Où ils traitent avec aisance de deux sujets distincts.

Le dimanche 19 janvier 1997 à 12h46, les zappeurs pouvaient ainsi découvrir Alain Finkielkraut à la fois sur LCI et sur La Cinquième. Sur LCI, invité régulier de l'émission *La vie des idées*, il dissertait en compagnie d'Alain Duhamel du bilan de François Mitterrand. Mais, pour ne rien rater de ce débat-là, les téléspectateurs devaient renoncer à suivre, sur La Cinquième, l'émission *Arrêt sur image* de Daniel Schneidermann, qui recevait à la fois Alain Finkielkraut et Bernard Guetta, directeur de la rédaction du *Nouvel Observateur*. Le sujet? Le rôle des médias dans les pays d'Europe de l'Est.

Le 9 mars 1997, vers midi, les téléspectateurs friands des analyses économiques ultra-libérales – mais de gauche ... – d'Elie Cohen, étaient à leur tour confrontés à un choix cornélien : soit ils écoutaient Elie Cohen sur France 2, dans l'émission *Polémiques* de Michèle Cotta, soit ils l'entendaient «débattre» sur LCI, avec Alain Touraine et Guy Sorman. En revanche, ceux qui apprécient les fulgurances de Serge July ne doivent pas sacrifier ses propos tenus sur une chaîne pour pouvoir entendre ceux qu'il développe sur une autre. Mais on leur laisse peu de répit. Le 20 avril 1997, vers 23 heures, le directeur de *Libération* participait encore sur LCI à l'émission de Guillaume Durand (en compagnie d'Elie Cohen et de Jean-François Kahn), quelques minutes avant d'être l'invité de Christine Ockrent sur France 3. L'entendre permettait de comprendre assez vite qu'il ne suffit pas d'être péripatéticien pour devenir Aristote.

Dans la presse écrite aussi, les journaux concurrents se concurrencent avec les mêmes idées et les mêmes clients. Le 2 mars 1995, *Le Nouvel Observateur* et *L'Événement du Jeudi* publiaient l'un et l'autre un entretien avec Alain Touraine. Au *Nouvel Observateur*, le sociologue et homme de télévision annonçait qu'en cas de duel Chirac-Balladur, il voterait Balladur. Dans *L'Événement du Jeudi*, il expliquait ce que la gauche devait faire pour renaître de ses cendres. Voter Balladur?

Un hebdomadaire qui se veut progressiste ne pouvait pas indéfiniment sous-traiter à d'autres la réponse à ce genre de question. Le 11 avril 1996, *Le Nouvel Observateur* publia donc un article titré «Ce que la gauche devrait faire». Il s'agissait d'un entretien de trois pages, conduit par Laurent Joffrin, alors directeur de la rédaction, avec Jean-Paul Fitoussi et Pierre Rosanvallon, coauteurs de l'essai *Le nouvel âge des inégalités.* Pierre Rosanvallon, on l'a vu, avait précédemment eu pour coauteurs deux célébrités du *Nouvel Observateur*, Jacques Julliard et François Furet. Egalement membres comme lui – comme Laurent Joffrin et comme Alain Minc – de la Fondation Saint-Simon.

Dans le journal de Jean Daniel, *Le nouvel âge des inégalités* était ainsi présenté : « *Un livre contre la pensée unique* ». Et, sous la photo des deux auteurs, cette légende : « *Pierre Rosanvallon et Jean-Paul Fitoussi, dans leur dernier livre, répondent aux arguments contestés du rapport sur* La France de l'an 2000 *d'Alain Minc, publié en 1995* ». Seul problème sérieux *, d'ailleurs reconnu par l'hebdomadaire : les deux contempteurs de la "pensée unique" comptaient au nombre des 35 membres de la commission « *installée officiellement le 2 juin 1994 par M. Édouard Balladur, premier ministre* » [103]. Or, rétrospectivement cruelle, l'introduction du rapport Minc précisait : « *La commission est, pour l'essentiel, parvenue à une vision commune des enjeux. Aussi ses membres espèrent-ils que l'accord auquel ils sont arrivés dans leur grande majorité préfigure une conscience collective des problèmes* ».

Puisqu'il faut conclure ce chapitre des connivences et des débats factices, l'auteur avouera que, comme *Les guignols de l'info*, il ne peut s'empêcher de regarder fidèlement l'émission de dimanche soir animée par Christine

---

*Outre l'erreur de date : le rapport fut en effet publié en 1994.

Ockrent, Serge July et Philippe Alexandre, pendant laquelle « *l'excellence de chacun sera certifiée par le permanent clin d'œil admiratif des deux autres* » [104]. Le choix des livres – une séquence qui semble, hélas, avoir été suspendue – constituait souvent un régal tant ce « choix » était prévisible. Certains faisaient même des paris... Mais, le 6 avril 1997, même les plus cyniques furent surpris...

Treize jours après avoir animé un grand débat « Emballage et environnement en Europe » organisé par Péchiney, BSN-Emballage et Carrefour [105], Christine Ockrent passa du « ménage » à l'autopromotion. Chacun sait à présent que le temps fort de l'émission politique de France 3 coïncidait avec sa conclusion : la présentation des essais politiques. Ce dimanche soir-là, formidable coïncidence, Serge July recommanda aux téléspectateurs... le livre de Christine Ockrent. La scène, qui dure 1 minute 26 secondes – on pourrait rechercher ce que coûte une publicité de 86 secondes sur FR3 à cette heure – mérite qu'on en livre au lecteur le texte intégral :

– Christine Ockrent : *Bon alors là, je suis très embarrassée...*

– Serge July : *Christine a fait un livre*; [il se penche vers Philippe Alexandre] *Christine a fait un livre.*

– Christine Ockrent : *Faudrait pas faire ce genre de chose.*

– Serge July : *Christine a fait un livre...*

– Christine Ockrent : *Donc faudrait pas faire de livre.*

– Philippe Alexandre : *Bouchez-vous les oreilles!*

– Serge July : *Donc elle a fait un livre. C'est un livre sur des mémoires professionnels. Donc ce ne sont pas des mémoires au sens privé du terme. Mais ce sont des mémoires professionnels. L'expérience de Christine est quand même une expérience multiple. Donc dans l'ensemble des médias : la radio, la télévision, la presse écrite. Et elle écrit des livres. Donc tout cela fait une expérience très lourde...*

– Philippe Alexandre : *Passionnante.*

– Serge July : *Très très riche d'expérience. Et comme elle aime beaucoup faire des portraits. Donc il y a beaucoup de portraits là-dedans...*

– Philippe Alexandre : *Il y a des portraits formidables!*

– Serge July : *Formidables, au niveau de la plume...*

– Philippe Alexandre : *Il y a un portrait...*

– Serge July : [impatient d'être sans cesse interrompu] *Ce que je voudrais simplement dire, c'est : Christine a une passion que nous partageons avec elle, qui est une passion certes pour l'écriture, mais une passion pour le journalisme. Et il y a quelque chose que je dois dire ici puisque somme toute nous parlons d'un livre que nous aimons beaucoup avec Christine, c'est en l'occurrence un livre peu corporatiste. On ne peut pas dire que Christine, qui aime beaucoup le journalisme, aime passionnément les journalistes. En tout cas, pas tous. Donc on ne peut pas dire que ça aille dans le sens du vent.*

– Christine Ockrent : *Certains quand même, certains...*

– Philippe Alexandre : *Bon, je partage totalement votre avis. Pour une fois.*

– Serge July : *C'est à dater d'une pierre blanche!*

En temps ordinaires, ce genre d'effronterie un peu pitoyable n'est pas à dater d'une pierre blanche. Mais cette fois le système s'enraya. Non pas que Christine Ockrent eût été trop loin : on avait vu nombre de cas semblables. Cependant, Bernard Pivot utilisa l'incident pour régler des comptes avec un tiers, Pierre Marcelle, un journaliste de *Libération* iconoclaste et talentueux qui l'avait précédemment étrillé. Le deuxième épisode surprendra par sa violence.

Le 13 avril 1997, dans *Le Journal du Dimanche*, Bernard Pivot écrit : « *La seule émission qui a toujours trouvé grâce* [aux] *yeux* [de Pierre Marcelle], *c'est*

Dimanche soir, *de Christine Ockrent. L'aime-t-il? Sûrement pas. S'il ne souffle mot de* Dimanche soir, *c'est parce que Serge July,* PDG *de* Libération, *en est, avec Philippe Alexandre l'invité permanent. Notre grand déontologue, donneur de leçons de courage à toute la télé, pas fou, ne brocarde pas son patron, ni celle qui l'emploie [...]. Hier soir, ça devait le démanger encore plus que d'habitude [...]. Stupeur et ridicule! Serge July a choisi* [de présenter] *le nouveau livre de Christine Ockrent :* La mémoire du cœur. *On croit rêver! Mais non, devant la journaliste plutôt gênée, le patron de* Libé *fait l'éloge des mémoires professionnels de sa patronne de France 3, souligne que ce n'est pas un ouvrage «corporatiste», en vante les portraits... Philippe Alexandre approuve chaleureusement. Sur le fond ils n'ont pas tort, mais comment ne sont-ils pas tout à coup muets, foudroyés par l'indécence de cette partie de lèche-Christine. Pour M. Marcelle, une telle scène contraire aux usages* [sic] *et surtout à l'éthique, c'est du nanan! Si PPDA avait le culot de célébrer à la télévision le roman de Claire Chazal, et surtout devant elle, dans son journal, M. Marcelle nous sortirait le lendemain une colonne de feu. Mais, dans la navrante promo ockrentienne, par le boss de* Libé, *pour lui rien de choquant, rien à dire, puisqu'il n'en écrit rien.»*

Dès le lendemain, lundi 14 avril, la plus étonnante des coïncidences veut que la chronique télévision de *Libération* s'en prenne à Bernard Pivot. Parlant de son émission *Bouillon de culture*, qui venait d'accueillir Robert Badinter, Philippe Lançon affirme : «*Pivot, depuis longtemps, n'écoute plus ceux qu'il invite. Il joue les ingénus, mais au fond, ce n'est plus qu'une vieille ménagère un peu dure de la feuille. Il a sa liste de commissions à faire, ses questions à poser; il les raye, l'une après l'autre pour être sûr de ne pas y revenir.»*

Une semaine plus tard, Pierre Marcelle répond enfin, directement, à Bernard Pivot. Sous forme de post-scriptum à une de ses chroniques : « *P.-S. Tandis que j'étais la semaine dernière en vacances de télé, Bernard Pivot, sainte figure du livre et du service public et pigiste chez Hachette-Filipacchi, suggérait dans le* JDD *que la raison pourquoi je ne chroniquais pas* Dimanche soir *(sur* FR3*) s'appelait Serge July, invité permanent de l'émission de Christine Ockrent et* PDG *de* Libération *– qui m'emploie. La perspicacité de Bernard Pivot me laisse parfois pantois.* » Rien n'obligeait Pierre Marcelle à attirer l'attention du lecteur de *Libération* sur l'attaque dont il avait été l'objet. Et sa réponse fut franche : il n'était effectivement pas toujours libre d'exprimer ses véhémences. Mais qui l'est dans une profession de plus en plus quadrillée, de plus en plus étouffée, par des réseaux d'intérêts et d'amitiés ?

Peu après avoir fait la leçon à Pierre Marcelle, Bernard Pivot invita à son tour Christine Ockrent à *Bouillon de culture*. La « *navrante promo ockrentienne* » continuait. Dans le *Journal du dimanche*, Bernard Pivot avait pourtant écrit des lignes meurtrières, mais il les destinait sans doute au seul éditorialiste de *Libération* : « *Au vrai, notre Alceste est un Tartuffe qui ne suit pas les leçons de hardiesse et de courage, de liberté et d'indépendance qu'il fait pleuvoir sur les journalistes. N'est-ce pas simplement par veulerie que M. Marcelle s'en exonère ?* » Si au moins l'ouvrage célébré avait été indiscutable... Çà et là, on y découvre toutefois quelques passages lucides. Dont celui-ci : « *Je vais découvrir la puissance à Paris de toutes sortes de réseaux, qui au mépris des faits, de l'honneur et au mieux de leurs intérêts, décident des mises à mort comme des modes de pensée [...]. Hors des clans, des clientèles, hors des sociétés d'admiration mutuelle et des renvois d'ascenseur, point de salut, encore moins de confort* »[106].

Des médias de plus en plus présents, des journalistes de plus en plus dociles, une information de plus en plus médiocre. Longtemps, le désir de transformation sociale continuera de buter sur cet obstacle. Face à un parti non déclaré, à une oligarchie dont on ne doit rien attendre, mieux vaut rechercher et encourager les voix dissidentes, conscients du caractère irréversible de leur marginalité médiatique. S'il faut néanmoins tempérer la noirceur de ce bilan – qui tient aussi lieu de pronostic –, c'est uniquement en raison des échecs de la propagande. La vie sociale résiste à l'écran, elle n'est pas virtuelle, elle informe souvent davantage que l'« information » sur les mécanismes du pouvoir et sur l'urgence des refus. Les grèves de novembre-décembre 1995 en ont fourni l'éclatant rappel.

Près de Taulignan dans la Drôme, d'anciens résistants organisent, chaque année, aux alentours du 15 août, un spectacle en souvenir de leurs camarades. Gravissant à pied ou en 4x4 des sentiers rocailleux et caniculaires, ils se retrouvent sur le massif de la Lance, qui fut alors le quartier général local de la Résistance. Là, devant quelques centaines de spectateurs, de jeunes acteurs lisent des témoignages de vieux militants, des poèmes d'Éluard, de Pierre Emmanuel et de Nazim Hikmet. Un peu trop didactiques sans doute – mais le Front national est puissant dans la région – ils dénoncent ceux qui, à

Vichy, réclamaient déjà la préférence nationale. A la fin du spectacle, ils entonnent le Chant des Partisans et Le Temps des cerises. Puis chacun redescend, heureux, sur Taulignan. Cette «information», cette culture, cette sensibilité-là ne sont pas destinées à attirer les caméras. Elles ne présentent d'ailleurs aucun caractère exceptionnel; ce ne sont pas des «événements». Mais elles survivent dans le pays. Et c'est un peu grâce à elles que les voix de la dissidence ne se sont jamais tues en France.

Parlant des journalistes de son pays, un syndicaliste américain a observé : « *Il y a vingt ans, ils déjeunaient avec nous dans des cafés. Aujourd'hui, ils dînent avec des industriels* ». En ne rencontrant que des «décideurs», en se dévoyant dans une société de cour et d'argent, en se transformant en machine à propagande de la pensée de marché, le journalisme s'est enfermé dans une classe et dans une caste. Il a perdu des lecteurs et son crédit. Il a précipité l'appauvrissement du débat public. Cette situation est le propre d'un système : les codes de déontologie n'y changeront pas grand chose. Mais face à ce que Paul Nizan appelait *« les concepts dociles que rangent les caissiers soigneux de la pensée bourgeoise »,* la lucidité est une forme de résistance.

Références citées

1. Guy Debord, *La société du spectacle*, Paris, Gallimard, 1992, pp. 7-11.

2. Julien Benda, *La trahison des clercs*, Paris, Grasset, 1975, p. 205.

3. Christine Ockrent, *La mémoire du coeur*, Paris, Fayard, 1997, p. 244.

4. Le premier, anodin, Roland Cayrol, *Médias et démocratie : la dérive*, Paris, Presses de Sciences-Po, 1997.
   Le second, exceptionnel, Alain Accardo, Georges Abou, Gilles Balbastre et Dominique Marine, *Journalistes au quotidien*, Bordeaux, Le Mascaret, 1995.

5. Cité par Pierre Péan et Christophe Nick, *TF1 : Un pouvoir*, Paris, Fayard, 1997, pp. 304-305.

6. *Cf.* Emmanuel Faux, Thomas Legrand et Gilles Perez, *La main droite de Dieu : enquête sur François Mitterrand et l'extrême droite*, Paris, Le Seuil, 1994, et Pierre Péan, *Une jeunesse française*, Paris, Fayard, 1994.

7. Guy Hocquenghem, *Lettre ouverte à ceux qui sont passés du col Mao au Rotary*, Paris, Albin Michel, 1986.

8. Louis Bériot, *Médiocratie française*, Paris, Plon, 1996, p. 50.

9. *Actuel*, n° 41, mai 1994.

10. D'après Louis Bériot, *op. cit.*, p.18.

11. Lire le livre de Michel Collon, *Attention Médias ! Les médias-mensonges du Golfe*, Bruxelles, EPO, 1992.

12. Propos tenu par Christian Dutoit, principal collaborateur d'Étienne Mougeotte à TF1. Pierre Géraud, ancien rédacteur en chef à TF1, aurait ajouté : « *Il faut comprendre que tous les courants de pensée qui traversent cette rédaction se sont retrouvés d'accord sur la façon d'agir avec Mougeotte, qui, lui, pourtant, parlait de "bougnoules" et de "ratons"* ».
    In Pierre Péan et Christophe Nick, *op. cit.* pp. 436-438.
    Dans le livre de Jean-Paul Huchon, *Jours tranquilles à Matignon*, Grasset, 1993, l'auteur, qui fut pendant la guerre du Golfe directeur de cabinet du premier

ministre, Michel Rocard, décrit lui aussi cette période comme l'une des plus heureuses de son existence.

13. Pour un échantillon plus complet encore et la plupart des références précises qui ne sont pas données ici pour ne pas alourdir le texte : *cf. Le Bêtisier de Maastricht*, Paris, Arléa, 1997 ; Serge Halimi, «Décideurs contre délinquants» *Le Monde diplomatique*, octobre 1992.

14. Noam Chomsky, *Les médias et les illusions nécessaires*, Éditions K Films, Paris, 1993, p. 39.

15. *L'Événement du Jeudi*, 18 avril 1996.

16. *Télérama*, 12 janvier 1994.

17. Pierre Péan et Christophe Nick, *op. cit.*, pp. 621-625.

18. *Le Canard Enchaîné*, 6 novembre 1996.

19. *Le Figaro*, 2-3 novembre 1996.

20. *Le Point*, 9 novembre 1996.

21. Émission *Revue de Presse*, France 2, 4 juin 1994.

22. *L'Express*, 7 juillet 1994.

23. Émission *Revue de Presse*, France 2, 11 mars 1995.

24. Cette citation qui, depuis, a été reprise sans indication de source dans un ouvrage récent, avait été utilisée pour la première fois dans «Un journalisme de révérence», *Le Monde diplomatique* , février 1995.

25. Bernard Brigouleix, *Histoire indiscrète des années Balladur*, Paris, Albin Michel, 1995, p. 110.

26. *La Correspondance de la Presse*, 4 juillet 1997.

27. Edwin Diamond, *Behind The Times*, New York, Villard Books, 1993, p. 234.

28. Jean-François Revel, *Mémoires : Le voleur dans la maison vide*, Paris, Plon, 1997, p. 620.

29. *L'Express*, 28 septembre 1984.

30. Sur cette tendance au conformisme par absence de temps, lire les textes éclairants de Gilles Balbastre et de Georges Abou, *in Journalistes au quotidien, op. cit.*

31. *La Correspondance de la Presse*, 24 janvier 1997.

32. Pierre Bourdieu, *Sur la télévision*, Paris, Éditions Liber-Raisons d'agir, 1996, p. 16.

33. Marcel Trillat et Yannick Letranchant, « Informer autrement sur France 2 », *Le Monde*, 5 juillet 1997.

34. *Cf.* Ignacio Ramonet, « La pensée unique », *Le Monde diplomatique,* janvier 1995.

35. Ignacio Ramonet, *op. cit.*

36. Philippe Manière, « Les vertus de l'inégalité », *Le Point*, 7 janvier 1995.

37. Émission *Revue de Presse*, France 2, 26 février 1994.

38. TF1-Journal de 20 heures, 26 février 1994.

39. Émission *Revue de Presse*, France 2, 10 juillet 1993.

40. Lire Patrick Champagne, « La vision médiatique », *in* Pierre Bourdieu (éd.), *La misère du monde,* Paris, Seuil, 1993.

41. *Le Point*, 5 février 1994.

42. France Inter, 3 novembre 1994.

43. *Le Nouvel Observateur,* 19 août 1993.

44. Laurent Joffrin, France 2, 2 juin 1993.

45. *Globe Hebdo,* 1er juin 1994.

46. Lewis Lapham, « Economic Correctness », *Harper's*, février 1997.

47. Émission *Duel*, LCI, 1er avril 1995.

48. Débat avec Marcel Gauchet, *Le Débat*, n°85, mai-août 1995.

49. Émission *Revue de Presse*, France 2, 8 avril 1995.

50. Christine Ockrent, *op. cit.*, p. 284.

51. Émission *Décideurs,* LCI, 11 mai 1997.

52. *Le Figaro,* 25 octobre 1995.

53. Paul Nizan, *Les chiens de garde*, Paris, Maspéro, 1976, p. 61.

54. Expression d'Alain Accardo, qui d'ailleurs la relativise, *in Journalistes au quotidien*, *op. cit.*, p. 50.

55. Pierre Péan et Christophe Nick, *op. cit.*, p. 578.

56. TF1-Journal de 20 heures, 24 février 1996.

57. TF1-Journal de 20 heures, 19 mars 1995.

58. Émission *L'Heure de vérité*, France 2, 12 mars 1995.

59. Éditorial « Éloge de la globalisation », *L'Express,* 8 février 1996.

60. Christine Ockrent, *La mémoire du coeur, op. cit.*, p. 303.

61. LCI, 10 octobre 1995.

62. Émission *7 sur 7*, 15 octobre 1995.

63. *Libération*, 22 décembre 1995.

64. *Marianne*, 28 avril 1997.

65. *Le Débat*, n° 90, mai 1996..

66. *Le Nouvel Observateur*, 16 novembre 1995.

67. *Télérama,* 5 juin 1996.

68. Christine Ockrent, *op. cit.*, pp. 220-224.

69. James Fallows, *Breaking the News : How the Media Undermine American Democracy*, New York, Pantheon Books, 1996, p. 49.

70. Cité par James Fallows, *op. cit.*, pp. 75-83.

71. Dont on trouvera le script plus détaillé et toutes les références non indiquées ici dans Serge Halimi, « Mouvement social et journalisme de marché », *Politique, la revue*, n° 2, octobre 1996.

72. *Libération,* Paris, 16 novembre 1995, et *The Times,* Londres, 17 novembre 1995.

73. Émission *7 sur 7*, TF1, 3 décembre 1995.

74. André Glucksmann, *Le Figaro,* 4 décembre 1995.

75. Bertrand de Saint Vincent, « Les regards sont tristes », *Le Figaro,* 2-3 décembre 1995.

76. Alain Touraine, *Lettre à Lionel, Michel, Jacques, Martine, Dominique... et vous,* Paris, Fayard, 1995.

77. Propos cité par Alain Minc lors de l'émission *L'heure de Vérité* qui lui fut consacrée, le 6 novembre 1994, sur France 2.

78. *L'Humanité*, 21 mai 1996.

79. Qu'on peut comparer à celles, industrielles, que Pierre Bourdieu analyse dans « Affinités électives, liaisons institu-

tionnalisées et circulation de l'information», *La Noblesse
d'État*, Paris, Éditions de Minuit, 1989, pp. 516-526.

80. *Libération,* 13 octobre 1992.

81. Pour une démonstration de ce verrouillage, voir le film
de Pierre Carles *Pas vu, pas pris,* qui, à ce jour, n'a jamais
été diffusé à la télévision française.

82. Alain Minc, *L'ivresse démocratique,* Paris, Gallimard,
1994. Cité par Eric Aeschimann, « Alain Minc, la petite
entreprise à fabriquer du consensus», *Le Magazine
de Libération,* 11 mars 1995. Cet excellent article
répond à quelques-unes des questions qui suivent.

83. Lire sur le sujet la très belle enquête de Nicolas Beau,
«Dans les cuisines du Bernard-Henri-Lévisme»,
Le Nouvel Économiste, 7 janvier 1994.

84. Pierre Bourdieu, « Et pourtant», *Liber,* n°25, supplément
d'*Actes de la recherche en sciences sociales,* n° 110,
décembre 1995.

85. Jean Bothorel, *Le bal des vautours,* Paris, Gérard de Villiers/
Jean Picollec, 1996.

86. *Le Figaro,* 6-7 juillet 1996.

87. Edwin Diamond, *op. cit,* p. 355. L'auteur consacre
un chapitre entier de son étude du *New York Times* à
la question des critiques de livres.

88. Régis Debray, *Le pouvoir intellectuel en France,* Ramsay,
1979, pp. 175-176.

89. *Le Point,* 18 novembre 1995.

90. *Le Figaro,* 2-3 décembre 1995.

91. *Le Figaro,* 5 janvier 1995.

92. *Le Figaro,* 1er février 1996.

93. *Le Figaro,* 18 janvier 1996.

94. Selon l'expression, bien trouvée, de Jean-Claude Guillebaud.

95. Georges Suffert, *Le Figaro,* 20 décembre 1996.

96. Pierre Chaunu, *Le Figaro,* 15-16 juin 1996.

97. André Brincourt, *Le Figaro,* 28 septembre 1995.

98. *Le Point*, 3 mai 1997.

99. *L'Express*, 1ᵉʳ mai 1997.

100. Jean-François Revel, *op. cit.*, p. 448.

101. *Correspondance de la Presse,* 30 janvier 1997.

102. Lire, sur François Furet et l'Union soviétique, l'analyse de Moshe Lewin, «Illusions communistes ou réalité soviétique», *Le Monde diplomatique*, décembre 1996, et, sur François Furet et l'Allemagne, celle d'Emmanuel Terray, «Le passé d'une illusion et l'avenir d'une espérance», *Critique*, mai 1996.

103. Alain Minc (éd.), *La France de l'an 2000, op. cit.*, p. 185.

104. Guy Debord analysant *Dimanche soir* dans l'émission *Guy Debord, son art, son temps,* Canal Plus, 9 janvier 1995.

105. *Le Canard Enchaîné*, 9 avril 1997.

106. Christine Ockrent, *op. cit.*, p. 230.

SOMMAIRE

7   Préface

13   Un journalisme de révérence

31   Prudence devant l'argent

43   Journalisme de marché

75   Un univers de connivences

105   Références citées

Achevé d'imprimer sur rotative
par l'imprimerie Darantiere à Dijon-Quetigny
en juin 1998

14ᵉ édition

Diffusion: Le Seuil

Dépôt légal: 4ᵉ trimestre 1997
N° d'impression : 98-0655

Les médias français se proclament «contre-pouvoir». Mais la presse écrite et audiovisuelle est dominée par un journalisme de révérence, par des groupes industriels et financiers, par une pensée de marché, par des réseaux de connivence. Alors, dans un périmètre idéologique minuscule, se multiplient les informations oubliées, les intervenants permanents, les notoriétés indues, les affrontements factices, les services réciproques. Un petit groupe de journalistes omniprésents – et dont le pouvoir est conforté par la loi du silence – impose sa définition de l'information-marchandise à une profession de plus en plus fragilisée par la crainte du chômage. Ces appariteurs de l'ordre sont les nouveaux chiens de garde de notre système économique.

Couverture : Aparicio & Hoch
ISBN : 2-912107-01-6

30 F